骨格診断
×
パーソナルカラー

本当に似合う Best アイテム 事典

一般社団法人　骨格診断
ファッションアナリスト認定協会
代表理事
二神弓子

西東社

はじめに

　本書をお手にとってくださり、ありがとうございます。

　この本は、前著『骨格診断×パーソナルカラー 本当に似合う服に出会える魔法のルール』をお読みくださった方から、「もっと似合うアイテムについて知りたい」「"アイテム事典"のようなものがあればいいのに」と、多くのご要望をいただいたことから発行に至りました。

　骨格診断メソッドのルールは、いつでもそのままトレンドに合わせて使えるものばかりではありません。この本では、どのタイプがどのアイテムに対応可能か、流行も考慮して、なるべく幅広いデザインやテイストのアイテムを取り上げ、解説しています。

　さらに、スタイリストさんのお力を借り、おしゃれに見えるコーディネートのテクニックとして、甘辛バランスや配色のポイントなど、より具体的に日常に取り入れやすい内容も盛り込みました。

　私の尊敬する女性が「ファッションとはエモーショナル（感情的）なもの」とおっしゃっていました。パーソナルカラーや骨格診断メソッドは、あくまでファッションを楽しむために利用するもの。ルールに捉われすぎて「何を着たらいいかわからない」「好きなものが着れない」と、楽しめなくなってしまっては、残念ですよね。

　みなさまそれぞれが、似合うファッション、好きなファッションを楽しむときに、この本がひとつの参考になれば、嬉しく思います。

二神弓子

Contents

はじめに………… 2

Part 1
「似合う」がわかる！
骨格診断 & パーソナルカラー診断

骨格診断とは？………… 8
[セルフチェック] 骨格診断………… 10
　Straight［ストレートタイプ］……… 14
　Wave［ウェーブタイプ］……… 20
　Natural［ナチュラルタイプ］……… 26

パーソナルカラー診断とは？……… 32
[セルフチェック] パーソナルカラー診断……… 34
　Spring［スプリングタイプ］……… 36
　Summer［サマータイプ］……… 40
　Autumn［オータムタイプ］……… 44
　Winter［ウィンタータイプ］……… 48

[column] 骨格診断のポイント………… 52

Part 2
自由に選べる！
骨格別 Best アイテム事典

Straight
ストレート

Tシャツ／カットソー ………… 56
シャツ／ブラウス ………… 58
ニット ………… 60
その他トップス ………… 64
ジャケット ………… 66
パンツ ………… 68
スカート ………… 72
ワンピース ………… 76
アウター ………… 78
イベント服 ………… 80
アクセサリー ………… 82
帽子／スカーフ／ベルト ………… 83
バッグ ………… 84
靴 ………… 85

Wave
ウェーブ

Tシャツ／カットソー	86
シャツ／ブラウス	88
ニット	90
その他トップス	94
ジャケット	96
パンツ	98
スカート	102
ワンピース	106
アウター	108
イベント服	110
アクセサリー	112
帽子／スカーフ／ベルト	113
バッグ	114
靴	115

Natural
ナチュラル

Tシャツ／カットソー	116
シャツ／ブラウス	118
ニット	120
その他トップス	124
ジャケット	126
パンツ	128
スカート	132
ワンピース	136
アウター	138
イベント服	140
アクセサリー	142
帽子／スカーフ／ベルト	143
バッグ	144
靴	145

column　骨格別　似合うソックスの長さはこれ！ ……… 146

Part 3
着まわし力が上がる！
アイテム選びとコーディネートのコツ

コーディネートしやすいアイテムの選び方 ……148
- Technique 1　色の選び方 ……149
- Technique 2　おしゃれなテイストの作り方 ……152
- Technique 3　5着6コーデの作り方 ……158

Straight　ストレート　｜　甘口コーディネート ……160
　　　　　　　　　　　　辛口コーディネート ……164

Wave　ウェーブ　｜　甘口コーディネート ……168
　　　　　　　　　　辛口コーディネート ……172

Natural　ナチュラル　｜　甘口コーディネート ……176
　　　　　　　　　　　　辛口コーディネート ……180

診断にしばられない！　マイルールの作り方 ……184

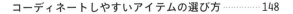

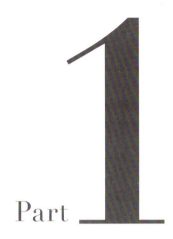

Part 1

「似合う」が分かる!
骨格診断 &
パーソナルカラー診断

似合うアイテムを見つけるために、
まずは骨格とカラータイプを診断しましょう!
骨格診断では似合う柄、素材、デザインを、
パーソナルカラー診断では似合う色を知ることができます。

骨格診断とは？

体の特徴から3つのタイプに分類

持って生まれた体の「質感」、「ラインの特徴」から、自分の体型を最もきれいに見せる"デザイン"と"素材"を診断します。診断結果は骨格の特徴から「ストレート」、「ウェーブ」、「ナチュラル」の3タイプに分類。太っている、やせている、年齢、身長は関係なく、自分に似合うファッションを知ることができます。

（ 3つの骨格タイプ ）

Straight
ストレートタイプ

厚みのある
メリハリボディ

似合うファッション

すっきりシンプル
ベーシック
上質
高級感
クラス感

▶ P14

Wave
ウェーブタイプ

下重心の
カーヴィーボディ

似合うファッション

華やか
装飾的
やわらか
フェミニン
繊細

▶ P20

Natural
ナチュラルタイプ

骨、関節がしっかりした
スタイリッシュボディ

似合うファッション

ゆったり
リラックス
ラフで作り込まない
カジュアル
ざっくり

▶ P26

自分に似合う服で、垢抜け美人に!

素敵だなぁと思った服を、いざ自分で着てみると、なぜだかしっくりこない。そんな経験はありませんか? それは自分の体に合う"デザイン"と"素材"が選べていないから。骨格診断をして「似合う」がわかれば、服を上手に選べるようになり、垢抜けた美人スタイルを作ることができます。

骨格診断で素敵に変わる!

(BEFORE)　(AFTER)

服がやぼったく見える	垢抜けて見える!
着太りして見える	着やせして見える!
服に着られている	こなれて見える!

次のページからセルフ診断!

> **セルフ
> チェック**

SELF CHECK

骨格診断

あなたの骨格タイプを診断します。
16の質問に答え、あてはまるものにチェックを入れましょう。

● 家族や友人など複数の人と体の特徴を比べてみるとわかりやすいです。
● 太っている、やせているは関係ありません。
どうしても気になる場合は「自分が標準体型だったら」と考えてみましょう。

▼

Q1 　　　　体の全体の印象は?

☐ 厚みがあり、肉感的 … **a**

☐ うすく、メリハリに欠ける … **b**

☐ 骨がしっかりしていて、肉感的ではない … **c**

Q2 　手(手首から指まで)の大きさの特徴は?

☐ 身長や体の大きさの割に小さい … **a**

☐ 身長や体の大きさとバランスのとれた大きさ … **b**

☐ 身長や体の大きさの割に大きい … **c**

Q3 　　　　指の関節の大きさは?

☐ 小さい … **a**

☐ ふつう … **b**

☐ 大きい。第二関節を通過した指輪が指の根元で回る … **c**

Q4 　　　　手首の特徴は?

☐ 細く、断面にすると丸に近い … **a**

☐ 幅が広くてうすく、断面にすると平べったい形 … **b**

☐ 骨がしっかりしている … **c**

（ CHECK ▷ Q1-9 ）

Q5　手首のくるぶしのような骨の特徴は？

☐ ほとんど見えないくらい小さい … **a**
☐ ふつうに見える程度の大きさ … **b**
☐ とてもはっきりと出ている、または大きい … **c**

Q6　手の平、甲の特徴は？

☐ 手の平に厚みがある … **a**
☐ 手の平はうすい … **b**
☐ 厚さよりも、手の甲が筋っぽいのが目立つ … **c**

Q7　首の特徴は？

☐ どちらかというと短い … **a**
☐ どちらかというと長い … **b**
☐ 太くて、筋が目立つ … **c**

Q8　鎖骨の特徴は？

☐ ほとんど見えないくらい小さい … **a**
☐ 細めの鎖骨が見える … **b**
☐ 大きくしっかりしている … **c**

Q9　肩やうでの特徴は？

☐ 肩からうでにかけての筋肉がつきやすい … **a**
☐ 肩からうでにかけての筋肉がつきにくい … **b**
☐ 肩からうでにかけて、筋が目立つ … **c**

骨格診断

[Q10] バストの特徴は?

☐ 胸板が厚く、バスト位置は高め … **a**

☐ 胸板がうすく、バスト位置は低め … **b**

☐ 厚みもバスト位置も中間 … **c**

[Q11] 太もも、ひざ下の特徴は?

☐ 太ももは太くひざ下は細い。すねはまっすぐ … **a**

☐ 太ももは細く、ひざ下は太い。すねは外側に湾曲しやすい … **b**

☐ 太ももは肉感的ではなく、すねの骨は太い … **c**

[Q12] ひざの皿の特徴は?

☐ 小さく、存在感がない … **a**

☐ 中くらいの大きさ、触ると前に出ている … **b**

☐ 大きい … **c**

[Q13] 足や足の甲の特徴は?

☐ 身長の割に小さく、甲は高い … **a**

☐ 身長とバランスのとれた大きさで、甲は低い … **b**

☐ 身長の割に大きく、甲は中くらい … **c**

[Q14] 似合わない素材は?

☐ シフォンなどやわらかい素材は着太りする … **a**

☐ スウェットなどスポーティな素材はやぼったく見える … **b**

☐ ラメニットなどキラキラした素材はたくましく見える … **c**

(CHECK ▷ Q10-16)

Q15　似合わない服は？

- □ フリルのついたブラウスは上半身の厚みを拾い、服が浮いて見える … ⓐ
- □ ストレートデニムは足が短く感じる … ⓑ
- □ ミニスカートは足がたくましく見える … ⓒ

Q16　似合わないヘアスタイルは？

- □ おくれ毛などルーズなスタイルはだらしなく見える … ⓐ
- □ ショートカットは地味で子どもっぽくなる … ⓑ
- □ ストレートボブは男性っぽくなる … ⓒ

診断結果

チェックしたもので、ⓐ、ⓑ、ⓒ、どの数が最も多かったですか？
多かったものがあなたの骨格タイプです。

ⓐ	ⓑ	ⓒ
▼	▼	▼
P14へ	P20へ	P26へ

診断に迷ったときは…？

診断のチェックが終わって、ⓐ、ⓑ、ⓒ、どれも同じ数がついてしまったら、次の診断を優先して判断してみてください。

- ▶ **Q1** 体の全体の印象は？
- ▶ **Q4** 手首の特徴は？
- ▶ **Q8** 鎖骨の特徴は？
- ▶ **Q14** 似合わない素材は？

骨格診断

Straight

ストレートタイプ

体の特徴

厚みを感じさせる
グラマラスなメリハリボディ

体全体に立体感があり、筋肉を感じさせるメリハリのあるボディです。どちらかというと上重心。肌に弾力とハリがあるのも特徴です。

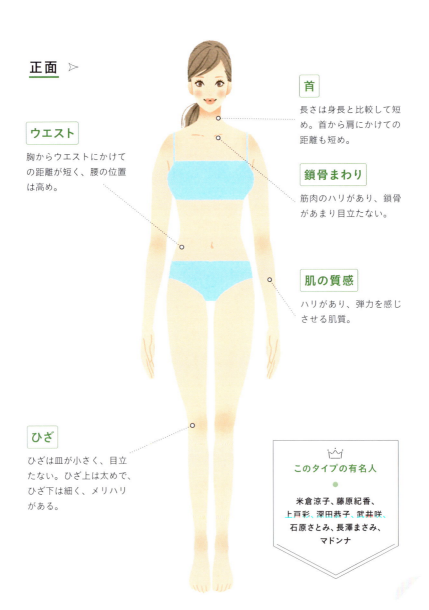

正面 ▷

ウエスト
胸からウエストにかけての距離が短く、腰の位置は高め。

ひざ
ひざは皿が小さく、目立たない。ひざ上は太めで、ひざ下は細く、メリハリがある。

首
長さは身長と比較して短め。首から肩にかけての距離も短め。

鎖骨まわり
筋肉のハリがあり、鎖骨があまり目立たない。

肌の質感
ハリがあり、弾力を感じさせる肌質。

このタイプの有名人

米倉涼子、藤原紀香、上戸彩、深田恭子、武井咲、石原さとみ、長澤まさみ、マドンナ

手 ▷

手のくるぶし
骨が小さく、出かたは目立たない。

手首
細めで、断面にすると丸に近い筒状。

手の平、関節
手の平が小さくて厚みがあり、弾力的。関節は目立たない。

横 ▷

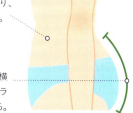

バストライン
鎖骨からバストトップにかけて直線的につながる。

胸の厚み
胸に厚みがあり、横から見ると立体的。

腰まわり
腰が高い位置にあり、筋肉の厚みがある。

ヒップライン
ヒップが立体的で、横から見るとウエストラインがはっきり見える。

背中 ▷

肩
触れても骨ではなく、筋肉のハリを感じる。

背骨
首の下、背骨のはじまりのところに触れると筋肉を感じ、背骨は目立たない。

肩甲骨
あまり目立たない。触れると肩甲骨の上に筋肉のハリを感じる。

骨格診断 | Straight

ストレートタイプ

(似合うファッション)

シンプルでクラス感のあるスタイルが得意

立体的でメリハリのある体型なので、シンプルなファッションが似合います。ハリのある肌によくなじむのは、上質で高級感のある素材。ボリュームのある体型を魅力的に引き立てるように、コーデはIラインシルエットを作り、すっきり上品なスタイルを目指しましょう。

Best Style
得意なスタイル

(トップス)

大きすぎず小さすぎない、ジャストなサイズ感のものが似合います。また、上半身にボリュームがあるので、胸元をすっきり見せるV開きのもの、高いバストトップが美しく見えるハイネックなどがよく似合います。フリルやフレアなどの装飾、うす手の素材は、ボリュームが出すぎるので苦手です。

(ボトムス)

太ももが太めで、ひざから下がすっきりしているので、ひざを見せた丈や、ストンとしたシルエットのタイトスカートが似合います。ひざを隠した中途半端な丈はアンバランスに見えます。腰位置が高く、くびれができにくいのでウエストマークも苦手。

 ハイウエスト、フレアシルエット、ミモレ丈、ショート丈

 フリルデザイン、フレア袖、パフスリーブ、オフタートルネック

(小物)

ハリのある素材、リッチな質感、シンプルなデザインの小物が似合います。シルクのスカーフ、表革バッグやシンプルなメタル小物、高級感のある本貴石を使ったアクセサリーも似合います。大きさは体のボリュームに負けない大きめのものを選びましょう。

NG ゆったりしたデザイン、ラフな質感のもの、フリルなど飾りが多いもの

Pants Style
パンツスタイル

上品なIライン
シルエットを作る

パンツスタイルも縦長ラインを強調するIラインシルエットを作りましょう。洗練された印象になり、メリハリある体型を女性らしく美しく見せられます。

(トップス)

ハイネックニットはストレートタイプの高いバストトップ位置をきれいに見せるアイテム。Iラインを作り、すっきり見せて。

(ボトムス)

シンプルデザインのストレートパンツが似合います。シワになりにくく、ハリのある厚手のきれいめ素材でクラス感のある装いに。

Party Style
パーティースタイル

(ドレス)

Iラインシルエット、ひざ上丈ドレスが一番美しく見せられます。厚手の生地で上品にキラキラした素材、大きめの柄やレースを合わせても素敵です。

装飾感のある
ものもOK

華やかな場なら、ストレートタイプが普段は苦手な装飾感の強いものも取り入れてOK。高級な素材を使い、Iラインシルエットを作って、リッチにドレスアップして。

(小物)

キラキラしたアクセもパーティーなら◎。バッグはシンプルなクラッチタイプはもちろん、きらりと光るポイントが入ったものや、表革で作られたものを選びましょう。

ストレートタイプ

（　似合う素材・柄　）

素材

ハリのある上質な素材

ストレートタイプの弾力のある肌になじみやすい素材は、しっかりとしたハリのある上質なもの。上品でクラス感のある女性らしさを引き出します。デニムもダメージ加工のないものが似合います。

コットン

きめが細かく、高級感のあるもの。

ウール

ハイゲージで、高品質なもの。

コーデュロイ

うねが細かく、きれいめなもの。

サテン
ハリがあり、高級感のあるもの。

デニム
きれいめなノンウォッシュタイプなど。

革

ハリ感、高級感があり、ツヤが少ない。

シルク

厚手でハリがある高級なもの。

カシミヤ

リッチできめ細かな肌触りのもの。

きれいめなレース

上品で、模様が細かすぎないもの。

NG
ベロア、シフォン、ナイロン、モヘア、麻、ツイード、エナメル、ハラコ

柄

大きくはっきりした柄

ストレートタイプに合うのは、メリハリの効いた大きめの柄です。また、色のコントラストもはっきりしたものが似合います。ドットでも花柄でも、大きめのものを取り入れて。華やかで女性らしいスタイルが叶います。

ストライプ

Iラインを作る柄。幅は細すぎない。

ドット

柄の大きいもの。小さいものはNG。

花柄

大柄で色のコントラストが強いもの。

ボタニカル

大きめの柄、コントラストが強いもの。

アーガイル・チェック

大柄なアーガイル・チェック。

ボーダー

縞の幅が太く、コントラストが強いもの。

モノグラム

シンプルで高級感のあるもの。

バーバリーチェック

フォーマルな印象がよく似合う。

ウインドウペン

細かくなりすぎないデザインのもの。

NG
小花柄、迷彩、ペイズリー、レオパード、キャラクタープリント

ストレートタイプ

（　似合う小物　）

Bag バッグ

- 大きめ、マチが厚いもの
- 自立できるタイプ
- かっちりしたタイプ
- ケリー風やバーキン風
  ［ボストン、トート］

NG 小さいもの、キルティング加工、エナメル加工

Hat 帽子

- シンプルで飾りの少ないもの
- メンズライクで、ラフすぎないもの
  ［中折れ帽
  ハイゲージニット帽］

NG 女優帽、リボン飾りのついたもの、ラフすぎるストローハット

Shoes 靴

- シンプルで飾りの少ないもの
- ツヤなしの表革素材
- 華奢すぎないもの
  ［表革パンプス、ローファー、ショートブーツ、スニーカー］

NG リボンやファーなどの飾りがついたもの、ロング、ニーハイ丈

Accessories アクセサリー

A ネックレス
シンプルなデザイン

B ピアス・イヤリング
大ぶりでぶらさがらないタイプ

C ブレスレット・バングル
オーソドックスで上品なデザイン

D 時計
オーソドックスなデザイン
フェイス：円形
ベルト：革、ステンレス

その他
スカーフ…
シルク100％などの上質なもの、定番の柄のもの
ストール…
大きく、厚みのあるもの
ブローチ…
直線的なものやシンプルなデザイン

ネックレスの長さ

❶ マチネ（55cm）
❷ オペラ（80cm）
❸ ロープ（110cm）

似合う素材
ダイヤやルビーなどの本貴石
金、銀、プラチナ
本真珠（8mm以上の大きさ）

体の特徴

華奢で厚みがなく やわらかな曲線のボディ

体はうすく、華奢。やわらかな曲線を描くようなボディが特徴です。どちらかというと下重心。肌は筋肉よりも脂肪を感じさせるソフトな質感です。

正面 ▷

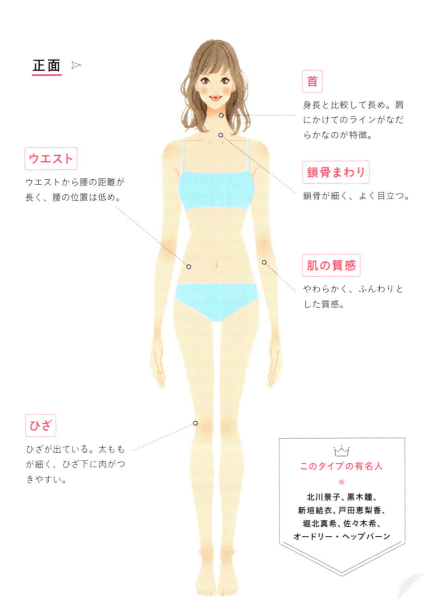

首
身長と比較して長め。肩にかけてのラインがなだらかなのが特徴。

鎖骨まわり
鎖骨が細く、よく目立つ。

肌の質感
やわらかく、ふんわりとした質感。

ウエスト
ウエストから腰の距離が長く、腰の位置は低め。

ひざ
ひざが出ている。太ももが細く、ひざ下に肉がつきやすい。

このタイプの有名人

北川景子、黒木瞳、新垣結衣、戸田恵梨香、堀北真希、佐々木希、オードリー・ヘップバーン

手

手のくるぶし
ふつうに見えるくらいの大きさ。

手首
平たく、断面にすると楕円形のような形。

手の平、関節
手の平のサイズはふつうで、うすい。関節は目立たない。

横

バストライン
鎖骨からバストトップにかけてややえぐれたようにつながる。

胸の厚み
厚みはなく、バストトップの位置が低めに見える。

腰まわり
腰の位置は低めで、厚みがなくうすい。

ヒップライン
ヒップは平面的。背中からなだらかな曲線になっている。

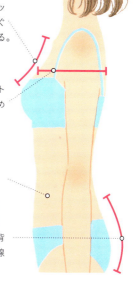

骨格診断 | Wave

背中

肩
触れると骨を感じるが、大きくはなく、華奢さがある。

背骨
首の下、背骨のはじまりのところに触れると、うっすらと背骨がわかる。

肩甲骨
肩甲骨の上に筋肉がないので、小さめの骨を感じる。

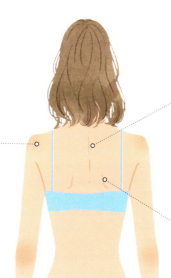

ウェーブタイプ

（　似合うファッション　）

華やかでソフトなファッションが得意

華奢な体には、さみしくならないように装飾的なファッションが似合います。ソフトな肌質に合う、うすくやわらかい素材で、体の曲線やウエストのくびれを強調するスタイルを作りましょう。上半身がうすく、下半身が重くなりがちなので、上半身にアクセントのあるコーディネートを心がけます。

Best Style
得意なスタイル

［ ボトムス ］

下半身が軽やかに見える、フレアスカートがおすすめです。長さはひざ下〜ミモレ丈が足が短く見えず、ベストバランス。ロングタイプは下半身が重く見えてしまうので、苦手です。

NG ハーフパンツ、ワイドパンツ、ストレートパンツ、マキシ丈スカート

［ トップス ］

ぴたっとサイズやふわっとしたシルエットで女性らしい体のラインが出るものが似合います。また、上半身がさみしくならない、フリルなどの飾りがついた、華やかでボリュームがあるものも似合います。ツインニットなど足し算するコーディネートもおすすめです。

NG かっちりとしたシャツ、タートルネック、ハイネック、トレーナー

［ 小物 ］

繊細できらりと光る装飾的なタイプが似合います。シフォン素材のスカーフ、キルティングバッグ、アメジストやラピスラズリなどの半貴石を使ったものも似合います。バッグはキルティング、靴はエナメルなどの華やか素材で、どちらも小さめサイズが得意。

NG 大きいデザイン、ラフな質感のもの、飾りがないシンプルなもの

Pants Style
パンツスタイル

下半身が重くならないように

ウェーブタイプのパンツスタイルは、下半身が太って見えないアイテム選びがカギ。細身シルエット、足首見せがベストです。素材はうす手を選んで。

[トップス]

華奢な鎖骨を美しく見せる、幅広く開いたネックラインが得意。えりや袖に装飾があるものを。ふんわりシルエットや、ウエストラインを強調するボトムインもおすすめです。

[ボトムス]

テーパードパンツのような先細りデザインや足首が見える丈で、足元を軽やかに見せましょう。華奢なストラップで足首を強調させる靴も◎。

Party Style
パーティースタイル

飾りを増やして華やかに

飾りの多いデザインが得意なのでパーティースタイルも飾りを生かして、華やかに見せて。スカート丈はひざ下、シルエットはフィット＆フレアがベスト。

[ドレス]

フィット＆フレアシルエット、ひざ下丈のドレスが得意です。華やかなレース素材、うす手でテロッとした生地、ビジューやラメなどの装飾、ふんわりしたシルエットがよく似合います。

[小物]

小ぶりで華奢なアクセが似合います。バッグは小さめサイズ、キラキラした飾りやキルティングなどの装飾的なものがぴったり。

骨格診断 | Wave

ウェーブタイプ

（　似合う素材・柄　）

素材

ソフトでふんわりとしたフェミニンなもの

ウェーブタイプのやわらかな肌になじむのは、うすくソフトな素材。モヘアやアンゴラなどふんわりしたもの、ストレッチが効いたものも似合います。革やデニムなどのハードな素材は得意ではないので、取り入れるなら小物で。

モヘア	コットン	アンゴラ	シフォン	ファンシーツイード
やわらかな質感の、モヘアやシャギー。	シアサッカーなどのやわらかな質感。	アンゴラニットなどのふんわり素材。	ソフトで軽く華やかなもの。	カラフルで装飾的、甘く女性的なもの。

エナメル	ベロア	スエード	ハラコ	
				NG
グロッシーな光沢感がよく似合う。	華やかな光沢が似合う。	しっとりやわらかな質感が似合う。	アニマル柄とふんわり感が似合う。	麻、綿デニム、革、ブリティッシュツイード

柄

小さく華やかなもの

ウェーブタイプに似合うのは、小さめの柄。色のコントラストも弱いものが似合います。レオパードやゼブラなど、動物柄が似合うのも特徴。強すぎない柄をベーシックな色合いでまとめると、甘くならず大人な雰囲気が出せます。

花柄	ドット	ギンガムチェック	ペイズリー	レオパード
小柄で色のコントラストが弱いもの。	小柄で淡い色合いのもの。	細かい柄のギンガムチェック。	細かく、コントラストが弱いもの。	大柄すぎない、細かい柄のもの。

ゼブラ	千鳥格子	グレンチェック	タータンチェック	NG
大柄すぎない、細かい柄のもの。	細かい柄がよく似合う。	柄を混ぜた細かい模様も似合う。	大柄ではないもの。細かいタイプ。	迷彩、幅の太いボーダーやストライプ、大柄のボタニカル、大きいドット柄

ウェーブタイプ

(似合う小物)

Bag バッグ

- 小さく、マチがうすいもの
- 角が丸いタイプ
- ショルダーの短いもの

[シャネル風のキルティングバッグ]

NG 大きいサイズ、かっちり見えるもの、ボストン、トート

Hat 帽子

- 華やかで、つばが広いもの
- リボンなど飾りがついたもの

[女優帽
フレア形の帽子
飾りつきニット帽]

NG ハイゲージニット帽、スポーツキャップ

Shoes 靴

- リボンやストラップなどの飾りがあるもの
- ツヤのあるエナメル素材

[パンプス、バレエシューズ、ロングやニーハイブーツ]

NG ローファー、グラディエーターサンダル、ラフなスニーカー

Accessories アクセサリー

A ネックレス
華奢で半貴石がついたもの

B ピアス・イヤリング
小さめで、ゆれるタイプ

C ブレスレット・バングル
華奢で小さなモチーフやストーンがついたもの

D 時計
細めのデザイン、ブレスレットウォッチ
フェイス：円形、正方形、小さめ
ベルト：細い金属製

その他
スカーフ…小さめのもの
ストール…うすいもの
ブローチ…小さめで繊細なデザイン

ネックレスの長さ

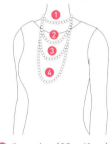

❶ チョーカー（35〜40cm）
❷ プリンセス（40〜43cm）
❸ マチネ（55cm）
❹ オペラ（80cm）

似合う素材
アメジストやラピスラズリなどの半貴石、金、プラチナ、真珠（8mm以下の大きさ）、コットンパール、プラスチック素材、クリスタル

ナチュラルタイプ

体の特徴

フレーム感のある スタイリッシュボディ

筋肉や脂肪があまり感じられない、スタイリッシュなボディ。骨が太く大きく、関節も目立ちます。全体的に四角く、フレーム感があります。肌の質感は個人により違いがあります。

首
長さには個人差がある。筋が目立つ。

ウエスト
腰の位置には個人差がある。

鎖骨まわり
鎖骨の骨が太くて大きい。目立ちかたに個人差がある。

肌の質感
かたすぎず、やわらかすぎず、個人差がある。骨を感じやすい。

ひざ
ひざの皿が大きい。ひざ下はすねの骨やアキレス腱が太い。

このタイプの有名人

綾瀬はるか、梨花、
道端ジェシカ、天海祐希、
深津絵里、中谷美紀、
アンジェリーナ・ジョリー

手 ▷

手首
断面にすると長方形で、骨や筋が感じられる。

手のくるぶし
骨が大きく、3つのタイプの中で最も目立つ。

手、関節
手は全体が大きく、関節が目立つ。骨や筋っぽさが感じられる。

横 ▷

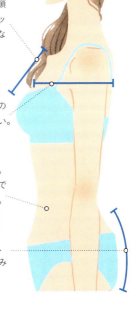

バストライン
個人差があるが、鎖骨から、バストトップにかけて直線的な人が多い。

胸の厚み
厚みがある。筋肉のハリは感じられない。

腰まわり
腰に高さを感じる。骨の厚みがあるので長方形のような形。

ヒップライン
肉感はほとんどなく、平面的。骨盤に厚みがある。

骨格診断 | Natural

背中 ▷

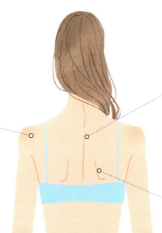

肩
触れると大きな骨を感じる。筋肉のハリがなく、肩の骨が目立つ。

背骨
首の下、背骨のはじまりのところに触れると、背骨をしっかりと感じる。

肩甲骨
大きくて立体的な肩甲骨。3つのタイプの中で最も目立つ。

ナチュラルタイプ

（　似合うファッション　）

ゆったりラフな、作り込まないファッションが得意

体のフレームがしっかりしていて、すらりとスタイリッシュなラインを持ったナチュラルタイプには、肩の力が抜けた、カジュアルでラフなスタイルが似合います。肌になじむのは、天然素材などのナチュラルな質感のもの。ゆったりとした、作り込みすぎないコーデで大人な魅力を引き出しましょう。

Best Style
得意なスタイル

［ ボトムス ］

肩が大きく、骨のフレーム感があるので、ボトムスも大きく長いものが似合います。足をゆったり包むような、ロング丈やワイドデザインのものがおすすめ。ショートパンツやひざ上丈、ぴったりとしたものは足がたくましく見えるので苦手です。

NG ショート丈、先細りのデザイン、きれいめ感が強い素材を使ったもの

［ トップス ］

骨格がしっかりしているので、体を包むような大きめサイズが得意です。ラフでカジュアルな素材のもの、リラックス感のあるデザインが似合います。露出の多いデザインやコンパクトサイズは骨格が目立ちすぎるので苦手です。

NG コンパクトサイズ、ノースリーブデザイン、短め丈、ゆとりがないデザイン

［ 小物 ］

大きな柄が入ったデザインや、天然素材など、存在感のあるものが似合います。麻のスカーフ、ラフな質感の革や、かごバッグ、ストローハットや天然石もよく似合います。小さく華奢なものはさみしい印象に。

NG 小さいデザイン、きれいめな質感のもの

Pants Style
パンツスタイル

下半身にボリュームを

トップスもボトムスもボリュームがあるデザインが、スタイリッシュな体を女性らしく見せます。パンツスタイルは全身にゆったり感を作ると、洗練されて見えます。

[トップス]

ゆったり余裕のあるシャツをカジュアルに着崩したスタイルはナチュラルタイプならでは。えりをうしろに落とした着こなし(えり抜きスタイル)も得意です。

[ボトムス]

ゆったり感のあるガウチョパンツはナチュラルタイプによく似合います。横に広がる形で肩幅とのバランスを取るとスタイルアップ。ラフな素材を選んで。

[ドレス]

大きなシルエット、布の存在感のあるゆったりしたデザインのものがぴったり。丈はひざ下より長めを。ロングドレスもさらっと着こなせます。

[小物]

大きく存在感があったり、柄が入ったりしたアクセサリーを。バッグは大きめサイズ、エスニック柄のような大きな柄の入ったものが◎。

Party Style
パーティースタイル

たっぷりスタイルで華やかに

パーティードレスも布をたっぷり使ったボリュームのあるスタイルで豪華に見せて。ドレープの入ったデザインもおすすめです。小物は大きめのアイテムを合わせても、派手になりすぎず、かっこよく決まります。

骨格診断 | Natural

ナチュラルタイプ

（　似合う素材・柄　）

素材
天然素材、素朴なもの

ナチュラルタイプには、素材もラフでカジュアルなものが似合います。麻やガーゼ地のような自然素材、コーデュロイ、ダメージデニム、風合いのある革などがぴったり。シワ加工やツイードなどのざっくりとした素材も似合います。

コットン

ダンガリーなどのカジュアルなもの。

ウール

フェルトやローゲージニット。

ツイード

マニッシュなブリティッシュツイード。

コーデュロイ

綿製のカジュアルなもの。

デニム

ダメージやクラッシュ、色落ち加工。

革

長く使い込んだ、風合いのあるもの。

麻

ざっくりした風合いが肌になじむ。

スエード

さらっとした質感、光沢がないもの。

パイソン

ざらっとした質感で魅力アップ。

NG
シルク、サテン、ベロア、シフォン、ラメ入りツイード、エナメル

柄
カジュアル、エキゾチックな柄

ナチュラルタイプに合うのは、カジュアル感のあるチェック柄や、エキゾチックなプッチ柄、ペイズリー柄、ボタニカル柄などです。色のコントラストは強すぎないものがおすすめ。

ギンガムチェック

大きめのギンガムチェックを。

ストライプ
細めでも太めでもOK。

ペイズリー

ラフでエキゾチックな印象のもの。

ボタニカル

水彩で描いたトロピカルなもの。

迷彩

柄の大きめのもの。

ボーダー

細め、太め、細太混ざったものも。

アーガイルチェック

柄が大きく、はっきりしているもの。

エスニック

民族的な柄はよく似合う。

タータンチェック

ブリティッシュデザインは得意。

NG
ドット、ヒョウ柄、ホルスタイン柄、千鳥格子

ナチュラルタイプ

(似合う小物)

Bag バッグ

- 大きめ、持ち手幅が広いもの
- マチが大きい、マチがない
- トートバッグ、ボストンバッグ、かごバッグ、フリンジバッグ

NG ポシェットなどの小さすぎるもの、ツヤのある素材のもの

Hat 帽子

- カジュアル、大きめなもの
- メンズライク、ラフなもの
- ストローハット、ローゲージニット帽、スポーツキャップ

NG 小さいサイズ、きれいめすぎるもの

Shoes 靴

- カジュアル系、ウエスタン系
- ヒールが大きく、きれいめすぎないもの
- パンプス、ローファー、スニーカー、ムートンブーツ

NG バレエシューズ、ニーハイブーツ、足首のファー

Accessories アクセサリー

A ネックレス
　大きめの飾り、長めのもの

B ピアス・イヤリング
　天然石、大きめなフープ

C ブレスレット・バングル
　太くごつめなデザイン

D 時計
　太めのデザイン
　フェイス：長方形、円形、大きめ
　ベルト：革、キャンバス地

その他
スカーフ…
似合わないが、つけるなら麻の素材
ストール…
大きめ、タッセルやフリンジのついたもの
ブローチ…
フェザーモチーフや木製のカジュアルなもの

似合う素材
不透明な天然石、べっこう、金、銀、プラチナ、バロックパール（8mm以上の大きさのもの）、シェル、さんご、木

ネックレスの長さ

① マチネ（55cm）
② オペラ（80cm）
③ ロープ（110cm）

パーソナルカラー診断とは?

肌や目の色から似合う色がわかる！

パーソナルカラー診断とは、生まれ持った肌や目の色から、あなたに似合う色を導き出すものです。診断結果は「スプリング」「サマー」「オータム」「ウインター」の4つに分かれます。パーソナルカラーはその人の肌や目、髪の色に調和し、その人のよさを引き立てることができます。

〈 4つのカラータイプイメージ 〉

似合う色でおしゃれ度がアップ

似合わない色を身につけると、顔色が悪く見えたり、服とのバランスがちぐはぐした印象になったりします。パーソナルカラーを身につければ、血色よく魅力的な印象を作ることができます。似合う色を取り入れて、ファッションをグレードアップしましょう。

似合わない色を身につけると…

- 暗く、くすんで見える
- 不健康そうに見える
- 重たい印象になる
- クマ、シミが目立つ

似合う色を身につければ…

- 明るく、透明感が出る
- 髪にツヤが出る
- 瞳がキラキラ輝く
- 血色がよく見える

パーソナルカラー診断

次のページからさっそく診断！

> セルフ
> チェック

パーソナルカラー診断

あなたのパーソナルカラーのタイプを診断しましょう。
付録のカラー診断シートを使えば、簡単にチェックできます。

診断の条件

白色灯の下で行う

診断は、白色灯の部屋で行いましょう。白熱灯はオレンジがかった色のため診断に影響が出てしまいます。

ノーメイクで行う

肌本来の色、シミやくすみなどの目立ち方がわかりやすいように、化粧を落とした状態で行うのがベターです。

白い服を着る

診断のときに着ている服が影響しないように、なるべく白色のTシャツなどを着てチェックしましょう。

診断方法

シートを顔横にあてて、映り方を見る

本書の巻末についているカラー診断シートを切り取ります。鏡の前で、シートを顔の横に当て、右のページの項目に沿って診断します。一番多くあてはまったシートが、あなたのカラータイプです。

> カラー
> シート

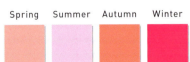

Spring　Summer　Autumn　Winter

4つのシートでcheck! ✓

☐ **check 1**

肌のムラが
一番出にくいシートは？

☐ **check 2**

肌の表面が
一番きめ細かに見え、
乾燥して見えないシートは？

☐ **check 3**

シミ、シワ、クマ、
ほうれい線が
一番目立たないシートは？

☐ **check 4**

顔全体がたるみなく、
一番引きしまって
見えるシートは？

☐ **check 5**

目の下にあてて、
瞳が一番きれいに輝くように
見えるシートは？

☐ **check 6**

髪にあてて、ツヤ感が
一番引き立つシートは？

パーソナルカラー診断

\ わかりにくいときは /

ベースの色を判断

スプリングとオータム、サマーとウインターをそれぞれ組み合わせて持って診断。まず、イエローベースなのかブルーベースなのかを判断します。

イエローベース
ブルーベース

手で診断

シート2枚を並べて置き、上に手を置いて、くすみが出ない色を選びます。ネイルをしている場合は、色が影響するので手をグーにして置きましょう。

Spring *type*

| スプリングタイプ |

特徴 春のイメージ、明るいカラーがぴったり

黄みを帯びてくすみのない明るい肌を持っているのがスプリングタイプ。春に咲く花やビタミンカラーのような明るい色がよく似合います。

目
色がうすく、茶色系。瞳と虹彩がはっきり区別できる。

口唇
オレンジがかったピンク色。

肌
乳白色で陶器のような白肌。日焼けすると明るい茶色になる。

ヘア
色が抜けやすくもともとうすい。明るくしても違和感がない。

頬
あたたかみのあるオレンジ系の色。そばかすがある人が多い。

こんな人もスプリングタイプ

サマーと迷ったら
サマーのカラーシートを当てると、そばかすやシミなどが目立ち、顔色が悪く見える。

オータムと迷ったら
オータムのカラーシートを当てると、全体的に顔が暗くなり、元気のないぼんやりとした印象になる。

ウインターと迷ったら
ウインターのカラーシートを当てると、色と顔がなじまず、派手でケバケバしい印象になる。

(似合うカラー)

ファッションに使いやすい色の分類

似合うカラーを、ファッションに使いやすいように、ベーシック色、さし色、濃淡や寒色、暖色に分類しました。コーデへの活かし方はP149を参考にしてください。

(似合うメイクカラー)

スプリングタイプにおすすめのメイクカラーを紹介します。
ファンデーションなどのベースになるものは、首の色に合わせて選びましょう。

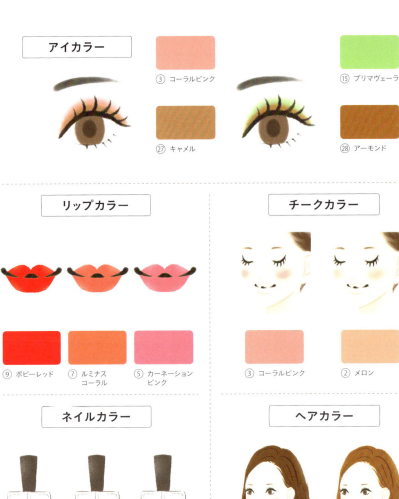

スプリングタイプ×骨格3タイプの ファッションイメージ

Straight
ストレート

明るいビスコッティのボトムスはトワイライトブルーのトップスを合わせて、上品さがグレードアップ。

Wave
ウェーブ

サンフラワーのトップスで、元気なイメージを。パンツはフェザーグレーでピリッと引きしめて。

Natural
ナチュラル

明るいアクアマリンのシャツにキャメルのガウチョでスプリングタイプらしいやさしげなパンツスタイル。

ピーチピンクのトップスにコーヒーブラウンのスカートで、かっちりコーデもやわらかな印象に。

ミルキーホワイトのツインニットにアクアマリンボトムスを合わせて、甘すぎない大人っぽさを作って。

ルミナスコーラルのロングスカートでビスコッティのトップスを引きしめて、メリハリあるイメージに。

Summer *type*

| サマータイプ |

特徴 涼しげで、やわらかい色が似合う

やや青白く、黄みが少ない肌が特徴のサマータイプ。夏のイメージの爽やかで涼しげな色、やわらかい色がよく似合います。

目
ソフトな黒色。白目とのコントラストがやわらかい。

口唇
やや青く、くすみがかったローズ系のピンク色。

肌
うすく透明感がある。極端な色白、色黒の人はいなく、やや青白い印象がある。

ヘア
色が強すぎない、ソフトなブラックカラー。日本人に多い髪色。

頬
黄みのない、赤みを帯びた色。すぐに赤くなりやすい人が多い。

こんな人もサマータイプ

スプリングと迷ったら
スプリングのカラーシートを当てると、顔の全体が黄色くくすみ、肌の色ムラが目立つ。

オータムと迷ったら
オータムのカラーシートを当てると、クマが目立ち、顔全体がトーンダウンして見える。

ウインターと迷ったら
ウインターのカラーシートを当てると、顔が色に負けてしまい、カラーシートの色だけが悪目立ちする。

（　　似合うカラー　　）

① ベビーピンク　② ピンクレディ　③ オペラピンク　④ スイートピー　⑤ オールドローズ　⑥ ストロベリー
⑦ フランボワーゼ　⑧ ペールライラック　⑨ ウィステリアミスト　⑩ ラベンダー　⑪ ラベンダーブルー　⑫ マロー
⑬ オーキッドパープル　⑭ ベビーブルー　⑮ スカイブルー　⑯ ブルーリボン　⑰ ブルーロイヤル　⑱ インディゴ
⑲ ペパーミントグリーン　⑳ ピーコックグリーン　㉑ ターコイズグリーン　㉒ シトラスイエロー　㉓ シャンパン　㉔ ローズブラウン
㉕ ココア　㉖ グレーミスト　㉗ スカイグレー　㉘ ムーンストーン　㉙ ダークブルーシャドウ　㉚ マシュマロ

ファッションに使いやすい色の分類

似合うカラーを、ファッションに使いやすいように、ベーシック色、さし色、濃淡や寒色、暖色に分類しました。コーデへの活かし方はP149を参考にしてください。

（　似合うメイクカラー　）

サマータイプにおすすめのメイクカラーを紹介します。
ファンデーションなどのベースになるものは、首の色に合わせて選びましょう。

アイカラー

② ピンクレディ
⑭ ベビーブルー
㉓ シャンパン
㉔ ローズブラウン

リップカラー

⑦ フランボワーゼ　③ オペラピンク　⑥ ストロベリー

チークカラー

④ スイートピー　⑤ オールドローズ

ネイルカラー

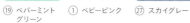

⑲ ペパーミントグリーン　① ベビーピンク　㉗ スカイグレー

ヘアカラー

㉕ ココア　㉔ ローズブラウン

42

サマータイプ×骨格3タイプの ファッションイメージ

ストレート
Straight
▼

ベーシックなスカイグレーのボトムスにきれいめなラベンダーのトップスを合わせて大人上品に。

ウェーブ
Wave
▼

ペパーミントグリーンのトップスとマシュマロのパンツで爽やかな女性らしさを作って。

ナチュラル
Natural
▼

ピンクレディのシャツにシャンパンのガウチョでサマータイプらしいやさしげなパンツスタイル。

ベビーピンクのトップスにローズブラウンのスカートで、硬すぎず、こなれたスタイルに。

インディゴのツインニットにマローのきれい色スカートを合わせてリッチな雰囲気にまとめて。

シトラスイエローのロングスカートにグレーミストのTシャツを合わせて、スタイリッシュなコーデに。

パーソナルカラー診断｜Summer

43

Autumn *type*

| オータムタイプ |

特徴 深みのあるこっくりした色が似合う

黄みがかったベージュ系の肌を持っているのがオータムタイプ。秋のようなこっくりした、深みのある色がよく似合います。

目
ダークブラウン系の色。目の印象は強く、白目と黒目のコントラストはやや弱め。

口唇
オレンジ系の色。人によりくすみがかっている。

肌
象牙のような、やや冷たい、黄味がかった色。スプリングより濃い肌色をしている。

ヘア
ダークブラウンから黒髪に近い、深い茶系。

頬
赤くなりにくく、オレンジ系のチークがよく似合う。

こんな人もオータムタイプ

スプリングと迷ったら
スプリングのカラーシートを当てると、顔映りは悪くないが、顔立ちがのっぺりとして見える。

サマーと迷ったら
サマーのカラーシートを当てると、顔色が悪くなり、寝不足のようなどんよりとした印象に。

ウインターと迷ったら
ウインターのカラーシートを当てると、色と顔がなじまないため、ちぐはぐで落ち着かない印象に。

(似合うカラー)

ファッションに使いやすい色の分類

似合うカラーを、ファッションに使いやすいように、ベーシック色、さし色、濃淡や寒色、暖色に分類しました。コーデへの活かし方はP149を参考にしてください。

パーソナルカラー診断 ― Autumn

45

（　似合うメイクカラー　）

オータムタイプにおすすめのメイクカラーを紹介します。
ファンデーションなどのベースになるものは、首の色に合わせて選びましょう。

オータムタイプ×骨格3タイプの
ファッションイメージ

Straight

Wave

アッシュグレーのボトムスに明るいバニラホワイトのトップスを合わせてやわらかな雰囲気に。

パプリカなどのさし色トップスとバニラホワイトのパンツで明るい女性らしさを作って。

サフランイエローのきれい色シャツにクロワッサンのガウチョで、上品なスタイルを作って。

モスグレーなどニュアンスカラーのトップスにアゲットのスカートで、大人な女っぽさを演出。

ジェイドグリーンのツインニットにビターチョコレートのスカートを合わせてシックで上品な印象に。

サーモンピンクのロングスカートにカフェモカのTシャツを合わせて、リラックスしたコーデに。

Winter *type*

| ウインタータイプ |

特徴　はっきりとしたメリハリのある色が似合う

青みがかった肌を持っているウインタータイプ。ビビッドで、きりりとした冷たさのある色がよく似合います。

目
真っ黒で、瞳の中の境界が見えない。目の印象は強く、白目と黒目のコントラストもはっきりしている。

口唇
赤い色をしている。肌との境界線もはっきりしている。

肌
色白の人は透けるような白さを持っている。日焼けをすると、くすんだグレーっぽい茶色になる。

ヘア
茶色味が少なく、ほとんどの人が真っ黒。カラーも黒系がよく似合う。

頬
やや青みがかったピンク色をしている。チークはイエロー系よりもブルー系のピンクが似合う。

こんな人もウインタータイプ

スプリングと迷ったら
スプリングのカラーシートを当てると、顔色が黄色っぽくくすみ、品のない印象に見える。

サマーと迷ったら
サマーのカラーシートを当てると、顔映りは悪くないが、ぼんやりとして垢抜けない印象になる。

オータムと迷ったら
オータムのカラーシートを当てると、顔色がくすんで色黒の印象になるか、色白の人は顔色が悪くなる。

(似合うカラー)

ファッションに使いやすい色の分類

似合うカラーを、ファッションに使いやすいように、ベーシック色、さし色、濃淡や寒色、暖色に分類しました。コーデへの活かし方はP149を参考にしてください。

（　似合うメイクカラー　）

ウインタータイプにおすすめのメイクカラーを紹介します。
ファンデーションなどのベースになるものは、首の色に合わせて選びましょう。

ウインタータイプ×骨格3タイプの
ファッションイメージ

ストレート
Straight

クリスタルベージュのボトムスにバーガンディのトップスを合わせて上半身を引きしめて。

ウェーブ
Wave

カナリーイエローなどのさし色トップスとチャコールグレーのパンツで華やかな雰囲気に。

ナチュラル
Natural

パールピンク×スノーホワイトのニュアンスカラーで、きれいなカジュアル感を出して。

クリスタルバイオレットのトップスに、ミッドナイトブルーのスカートを合わせていい女風に。

シルバーグレーのツインニットにマグノリアのスカートを合わせれば、華やかな女らしいスタイルに。

モーニングミストのスカートにオリエンタルブルーのTシャツを合わせれば、爽やかなコーデに。

骨格診断のポイント

Column. | *Check*

P10の骨格診断をおこなうとき、実際に触れてほかの人と比較してみるのが一番わかりやすいです。各部位を診断するときのポイントをおさえておきましょう。

---

check 1

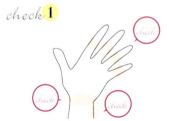

手
手首や関節を軽くにぎったり、角度を変えて見たりするとわかりやすい。

check 2

手の平の厚み
手を開き真横から見て、手の平の厚みを見ましょう。わかりにくい場合はほかの人の手の平を触って比べます。

check 3

首
頭の付け根から、肩までの距離を判断。指などで長さを測るとよい。

check 4

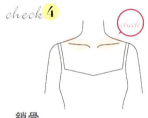

鎖骨
鎖骨の太さ、目立ち具合を確認します。まずは鎖骨が出ているかどうか、出ている場合は太いか細いかを判断します。

check 5

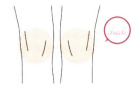

ひざ
まっすぐに立った状態でひざに軽く手の平を当て、皿の大きさや骨の出かたを確認します。

check 6

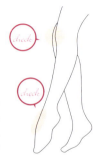

足
まっすぐに立った状態で鏡にうつして見たり、触ったりするとわかりやすい。

Part 2

自由に選べる!
骨格別 Best アイテム事典

骨格タイプごとに似合うアイテム 65 点を集めました。
似合うアイテムの特徴を知れば、
もう、服選びに迷うことはありません!
あなたの Best アイテムを見つけましょう。

骨格タイプ別 似合うファッション

たっぷり 65アイテム！

コーディネートの幅が広がるアイテムを、洋服から小物まで各タイプ65アイテム掲載しています。

幅広い テイスト・デザイン

好みに合わせて選べるように、さまざまなテイストやデザインのアイテムを集めました。

アイテムを紹介します!

事典の見方

06
[シャンブレーシャツ]

DATA
定番 ┃ 個性派
甘 ┃ 辛

スプリング サマー オータム ウインター

ほどよい厚みとハリ感
デニム地よりはうす手で、ほどよい厚みとハリ感が、肌質によく合います。

BOSCH

「甘辛バランス」「個性バランス」のデータ
アイテムのテイストがわかる、2種類の指標を掲載。この指標とPart3を参考にすれば簡単にコーディネートが作れます。

気をつけたいポイントを紹介
骨格タイプごとに似合うポイントを解説しています。アイテムを選ぶときの参考にしてください。

パーソナルカラーごとに色を掲載
パーソナルカラーごとに似合う色を、各アイテムに掲載しています。ぴったりの色を見つけてください。

Straight ストレートタイプ ▶▶ P56〜
Wave ウェーブタイプ ▶▶ P86〜
Natural ナチュラルタイプ ▶▶ P116〜

次のページから骨格タイプ別にアイテムをチェック!

Straight

T-shirts/Cut&Sewn
Tシャツ／カットソー

どんなコーデにも活躍する定番のアイテム。ちょうどいいサイズ、厚手でハリのある素材を選んで。

ここを CHECK!

- ☐ 厚手で、ハリのある素材
- ☐ えりの開きが深いもの
- ☐ 肩のラインが合うジャストサイズ
- ☐ うす手素材、体にフィットするものはNG！
- ☐ 大きすぎるものはNG！
- ☐ フリルなどの飾りがついたものはNG！

NG これが苦手…

体にぴったりしたTシャツは、着太りしてしまう

大きすぎるサイズ感は、だらしなく見えがち

01 [VネックTシャツ]

DATA
定番 ■■■ 個性派
甘 ■■ 辛

30 スプリング / 30 サマー / 30 オータム / 30 ウインター

V開きの深いもの
首が短く見えがちなストレートタイプ。胸元に縦ラインを作るV開きタイプですっきり見えるものを。

ジャストなサイズ感
大きすぎず小さすぎないサイズ感が、体の形をきれいに見せます。肩ラインが合い、丈は腰骨がかくれるくらいのものを選んで。

厚手の素材
ハリのあるしっかりした厚手の素材を選びます。Tシャツなら綿100%のものがベスト。

Hanes

02
[ラウンドTシャツ]

DATA

定番 ▉ ｜ 個性派
甘 ▉ ｜ 辛

スプリング	サマー	オータム	ウインター
25	17	21	16

きれいめなデザイン
Tシャツはラフになりすぎない、きれいめでシンプルなデザインがベスト。

深めなラウンドネック
首まわりをすっきり見せることは、ラウンドネックでも実現できます。なるべく開きが深いものを選んで。

MONROW

03
[Uネックカットソー]

DATA

定番 ｜▉ 個性派
甘 ｜▉ 辛

スプリング	サマー	オータム	ウインター
19	19	19	19

シンプルな生地
生地に織り込み糸の模様が出ていない、シンプルなタイプを選びましょう。ハリのある、厚めの生地が◎。

首の開きは深め
なるべく開きが深めなデザインを選びます。横の開きが大きすぎると肩の丸みが強調されるので注意。

04
[ボーダーカットソー]

DATA

定番 ▉ ｜ 個性派
甘   ▉｜ 辛

スプリング	サマー	オータム	ウインター
22	27	29	27

シンプルなボーダー
シンプルなボーダー柄はストレートタイプにぴったり。幅が細すぎないスタンダードなものがベスト。

ジャストサイズ
袖は手首のジャストな長さ、丈は腰骨あたりのジャストサイズを選んで。

Gap

相性の良いITEM → P69

チノパン
横幅が強調されるボーダー。ボトムスのシルエットで縦長に見せて。

Straight TOPS

57

Straight
Shirts/Blouse
シャツ／ブラウス

きちんと感を出せる必須アイテム。シルクやレースなどを選べば、シンプルなデザインでも甘さや女性らしい雰囲気が出せます。

ここを CHECK!

- ☐ 厚手で、ハリのある素材
- ☐ Vネックが作れるもの
- ☐ 大きすぎず小さすぎない、ジャストサイズ
- ☐ テロッとしてハリのない素材はNG！
- ☐ 大きくて、ゆったりしすぎなものはNG！
- ☐ 小さくて、ぴったりしすぎなものはNG！

NG これが苦手…

テロッとした素材のブラウスは上半身が太く見えがち

フリルなどの装飾が多いタイプは、ごてごてして重い印象に

05 [コットンシャツ]

DATA
定番 甘 ｜ 個性派 辛
スプリング 1 ｜ サマー 1 ｜ オータム 1 ｜ ウインター 1

ハリのある素材
きちんと感があるシャツは、ストレートタイプにぴったり。素材は厚手の綿素材か、シルク混のものもOK。

大きすぎないサイズ
メンズライクなビッグシルエットは着太りして見えがち。肩ラインがぴったり合い、丈は腰骨にかかるものを選びます。

シンプルなデザイン
シンプルなシャツを素敵に着こなせるのがストレートタイプ。王道なデザインを一着持っておいて。

06
[シャンブレーシャツ]

DATA
定番 |━━| 個性派
甘 |━| 辛

スプリング 19 / サマー 15 / オータム 19 / ウインター 19

ほどよい厚みとハリ感
デニム地よりはうす手で、ほどよい厚みとハリ感が、肌質によく合います。

きれいめシャンブレー
生地の目が細かく、きれいめな雰囲気のあるものがベスト。シワが出にくいタイプを選んで。

BOSCH

07
[シルクブラウス]

DATA
定番 |━━| 個性派
甘 |━| 辛

スプリング 30 / サマー 30 / オータム 30 / ウインター 30

シルク素材
ブラウスなら、綿よりもやわらかめなシルク素材が似合います。クラス感のある女性らしさが引き立ちます。

装飾のないタイプ
胸元をすっきり見せる、シンプルなデザインを選んで。フリルなどの装飾があるデザインは着太りしがち。

destyle

08
[レースブラウス]

DATA
定番 |━━| 個性派
甘 |━| 辛

スプリング 30 / サマー 30 / オータム 30 / ウインター 30

上品なレース素材
上品できれいめ、厚手で模様が大きいレース素材が似合います。繊細すぎたり、素朴な感じのものは苦手。

深開きネック
深めのVネックは、ごてごてしがちなレース柄をすっきりと見せます。

B ability

相性の良い ITEM → P74

デニムスカート
きれいめな雰囲気のデニムでレースをカジュアルダウン。

Straight TOPS

Straight ▼ Knit

ニット

やわらかな質感が女性らしさをアップするニット。肌を美しくみせるきれいめな素材と、ぴったりしない形を選びましょう。

ここを CHECK！

- ☐ 目が細かいハイゲージ、きれいめな素材
- ☐ 袖が長すぎず、きちんと見えるデザイン
- ☐ 腰まわりがもたつかない丈
- ☐ 厚みがなくぴたっとするものはNG！
- ☐ 丈が長すぎるものはNG！
- ☐ ゆったり感、ルーズ感の強いものはNG！

NG これが苦手…

オフタートルタイプは、やぼったい雰囲気になりがち

長すぎる丈は、ルーズさが目立ち、着太りして見える

09 [Vネックニット]

DATA
定番 ■■ ｜個性派
甘 ｜■■ ｜辛

30 スプリング　30 サマー　30 オータム　30 ウインター

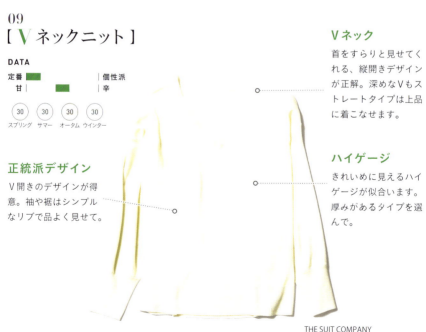

Vネック
首をすらりと見せてくれる、縦開きデザインが正解。深めなVもストレートタイプは上品に着こなせます。

ハイゲージ
きれいめに見えるハイゲージが似合います。厚みがあるタイプを選んで。

正統派デザイン
V開きのデザインが得意。袖や裾はシンプルなリブで品よく見せて。

THE SUIT COMPANY

10
[タートルネックニット]

DATA
定番 |■■■| 個性派
甘 |■■| 辛

7 スプリング　5 サマー　11 オータム　7 ウインター

すっきりした首回り
折り返して着るタートルネックは、首が太く見えがち。首まわりの厚みが少ないものか、ハイネックを選んで。

相性の良い ITEM → P69

ストレートデニム
シンプルなストレートデニムと合わせれば、上品なカジュアルコーデに。

半袖タイプ
ストレートタイプは手首が細いので半袖で手首をすっきり見せると、着やせします。

LESTERA

11
[前開きカーディガン]

DATA
定番 |　　　■■| 個性派
甘 |　■| 辛

28 スプリング　24 サマー　26 オータム　26 ウインター

Iラインを作る前開き
ボタンが上まであるぴったりしたタイプは苦手。前開きの縦ラインを作るデザインで着太りを防いで。

腰骨にかかる丈
短すぎず、長すぎない、腰が少し隠れるくらいの丈がベスト。高い腰位置を強調してスタイルよく見えます。

JOHN SMEDLEY

Straight TOPS

Straight

12
[ノースリーブニット]

DATA

定番 ｜ ｜個性派
甘 ｜ ｜辛

22 スプリング　26 サマー　28 オータム　27 ウインター

**ノースリーブで
すっきり**

肩まわりに装飾がないデザインで、上半身がコンパクトに見せられます。ノースリーブは二の腕が目立つので、できるだけ肩が隠れる長さを。

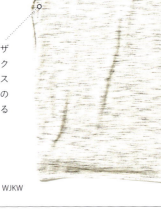

WJKW

ボトルネック

首からバストまでのシンプルなラインが、ストレートタイプの高さのある胸元をきれいに見せます。

相性の良い
ITEM
→P73

ペンシルスカート

ストライプペンシルスカートで細身なＩラインシルエットに。

13
[リブニット]

DATA

定番 ｜ ｜個性派
甘 ｜ ｜辛

19 スプリング　14 サマー　19 オータム　13 ウインター

ハイネック

バスト位置が目立つハイネックデザインは、バスト位置が高めなストレートタイプによく似合います。

リブは太め

リブが細いものは、フィット感が強くなりがち。畝の太めなストレッチが効いていないタイプがおすすめです。

14 [Uネックニット]

DATA
定番｜｜個性派
甘｜｜辛

25 スプリング　28 サマー　29 オータム　29 ウインター

深めUネック
開きが深いデザインで、首元をすっきり見せられます。ラウンドネックよりも縦開きのUネックが正解。

厚みのあるハイゲージ
目の細かいハイゲージで、厚手のものがストレートタイプの質感によく似合います。

V::room

ストレートタイプに似合うトップス

似合うもの

Vネック	Uネック	スクエアネック	ハイネック

注意して選べばOKなもの

ラウンド	タートル
なるべく開きが深いデザインを選ぶのが正解。	折り返しが厚くなく、ボリュームがないタイプを。

似合わないもの

オフタートル	オフショルダー
首から胸にかけてのボリュームが出やすいのでNG。	肩を出すと着太りして見えるのでNG。

Straight TOPS

Straight
Other Tops
その他トップス

パーカやスウェットなどは、カジュアルなアイテムとして重宝します。コーデのアクセントに取り入れてください。

CHECK!

- ☐ 厚手で、ハリのある上質な素材
- ☐ シンプルで装飾が少ないすっきりデザイン
- ☐ 大きすぎず、小さすぎないジャストサイズ
- ☐ 細かい柄、テロッとした素材はNG！
- ☐ 首まわりのボリューム感があるものはNG！
- ☐ ゆったり、ぴったりしすぎなものはNG！

NG これが苦手…

細かいフリルやウエストを絞ったデザインは苦手

フレア袖は着太りして見えるので避けて

15 [パーカ]

DATA
定番 ｜個性派
甘 ｜辛

スプリング サマー オータム ウインター

ベーシックなデザイン
ベーシックできれいめなパーカが似合います。生地の模様が入っていないシンプルなものがGOOD。

スタンダードサイズ
フードの大きさ、袖丈、腰丈などは、大きすぎず小さすぎないタイプを。合わないサイズは着太りします。

布の厚みがある
厚みがしっかりあり、形崩れしない布地を選びます。肌触りのいい綿100％タイプがおすすめです。

FilMelange

16
[チュニックシャツ]

DATA
定番 |━━━| 個性派
甘 |━━| 辛

25 スプリング / 16 サマー / 21 オータム / 16 ウインター

upper hights

ストライプ柄
細すぎず太すぎないストライプ柄が、縦ラインを強調し、すっきり見せてくれます。

シャツデザイン
シャツ寄りのデザインがよく似合います。前開きができるものなら、裾がやや長めでもOK。

17
[半袖シャツ]

DATA
定番 |━━━━| 個性派
甘 |━━| 辛

30 スプリング / 30 サマー / 30 オータム / 30 ウインター

BYMITY

ぱりっとした生地
シワが出ず、のりが効いたような、ぱりっとした生地が、ストレートタイプの上質感を引き立たせます。

短すぎない袖丈
袖はスタンダードな形と丈を選んで。フレンチスリーブなど微妙な長さのデザインは苦手。

18
[ボーダースウェット]

DATA
定番 |━━━| 個性派
甘 |━━| 辛

22 スプリング / 27 サマー / 29 オータム / 27 ウインター

SAINT JAMES

シンプルなボーダー柄
細くも太くもない、スタンダードな幅のボーダーが得意。コントラストがはっきりしたタイプが特に似合います。

ゆるすぎないサイズ感
だらしなく見えがちなスウェットですが、ゆったりしすぎないサイズを選べば大丈夫。

Straight TOPS

65

Straight ▼ Jacket
ジャケット

かっちり感がストレートタイプによく似合うアイテムです。きれいめで上品なタイプを選びましょう。

ここを CHECK！

- きれいめでハリのある素材
- ツヤや装飾が少なく、上品なタイプ
- 大きすぎず小さすぎない、ジャストサイズ
- ざっくりした素材、ラフなデザインはNG！
- 装飾が多く、派手に見えるものはNG！
- 大きすぎるものはNG！

NG これが苦手…

ハードでラフすぎるデザインは、男前な印象になりがち

ツイード素材はやぼったく見えてしまう

19 [テーラードジャケット]

DATA
定番 ／ 個性派
甘 ／ 辛

スプリング 26 ／ サマー 23 ／ オータム 23 ／ ウインター 25

ベーシックなデザイン
シンプルなデザインのテーラードがお似合い。ポケットが目立ちすぎず、装飾がないものを。裾の角が丸すぎないものが◎。

シングルボタン
シンプルですっきり見えるシングルボタンがよく似合います。カジュアル感の少ないデザインをチョイス。

ぴったりなサイズ
腰骨に少しかかるくらいの丈、手首が見えず長すぎない袖丈で、上品に着こなせるものが正解。

20
[ライダースジャケット]

DATA
定番 | ■ 個性派
甘 | ■ 辛

25 スプリング　29 サマー　21 オータム　29 ウインター

きれいめな革
ざらざらした革やスウェードではなく、きれいな質感の表革を使ったタイプを選ぶのが正解です。

かちっとしたデザイン
えりつきのデザインでかちっとした雰囲気がよく似合います。首がつまったものは避け、広いネックラインのものを。

Straight TOPS

21
[Gジャン]

DATA
定番 | ■ 個性派
甘 | ■ 辛

25 スプリング　18 サマー　21 オータム　18 ウインター

きれいめ素材
ノンウォッシュタイプのデニム素材で、カジュアルすぎないデザインが◎。上品な雰囲気のものを選んで。

ジャストサイズ
袖丈、着丈がぴったりなサイズを選んで。前を開けたり、肩に羽織る着こなしがおすすめ。

Straight
Pants
パンツ

Iラインシルエットが作れるデザインですっきり見えるものが◎。着太りしないデザインを選ぶのがポイントです。

ここを CHECK!

- きれいめで厚手の素材
- かっちりして見えるタイプのもの
- ジャストな丈のもの
- 裾が広がりすぎるものはNG！
- 丈が中途半端なものはNG！
- ぴったりしたサイズはNG！

NG これが苦手…

スキニータイプは足の肉感を強調してしまう

ボリュームがありすぎるシルエットは足が短く見える

22 [ストレートパンツ]

DATA
定番 ■ ｜個性派
甘　　　｜辛

- スプリング 25
- サマー 29
- オータム 21
- ウインター 29

ゆるすぎないシルエット
ぴたっとしない、だぼっとしすぎないシルエットを選んで。着太りせずに、きれいにはきこなせます。

センタープレス
きちんと感が出せるセンタープレスがおすすめ。すらっと長くてまっすぐな脚が際立ちます。

厚手の素材
形崩れしにくく、しっかりとした厚手の素材がおすすめ。綿が入っているタイプの、きれいめな素材を選んで。

23
[ストレートデニム]

DATA
定番 個性派
甘 ━━━━ 辛

25 スプリング　16 サマー　20 オータム　14 ウインター

Moname

きれいめなデザイン
ウォッシュ加工はなるべく弱め、クラッシュなどのダメージ加工のないものが似合います。シンプルできれいめなものを。

だぼっとしないシルエット
腰から足のラインがきれいに見えるストレートシルエットを選んで。だぼっとせず、シワが寄らないサイズがベスト。

相性の良い
ITEM
→P62

ノースリーブニット
きれいめなニットと合わせれば、女性らしいデニムの着こなしに。

Straight

24
[チノパン]

DATA
定番 ━━━ 個性派
甘 ━━━ 辛

26 スプリング　23 サマー　23 オータム　25 ウインター

MARIEBELLE JEAN

センタープレス
センタープレスで縦ラインを強調させ、すらりと美脚に見せるデザインを。オフィスではけるようなものが◎。

しっかりした素材
きれいめで、厚手な素材を選びましょう。はいたときに、シワが寄らずすっきりして見える素材のものを。

BOTTOMS

Straight

25
[ワイドパンツ]

DATA
定番|―|個性派
甘|―|辛

29 スプリング　23 サマー　23 オータム　25 ウインター

きれいめな素材感
上質で、きれいめに見える素材や雰囲気のものを。カジュアルすぎない、大人な上品さを取り入れて。

広がりすぎない形
ウエストから裾にかけて広がりすぎないタイプを選べば、着太りせずすっきりとしたシルエットになります。

22 OCTOBRE

26
[テーパードパンツ]

DATA
定番|―|個性派
甘|―|辛

 25 スプリング　 29 サマー　 21 オータム　16 ウインター

きちんと感のあるデザイン
センタープレスできちんと感のあるデザインがぴったり。生地もきれいめでシワが入りにくい厚めなものを。

ぴたっとしないシルエット
足にぴったりフィットするデザインは苦手。スリムやスキニーではなくほどよくゆとりのあるテーパードが正解。

INCOTEX

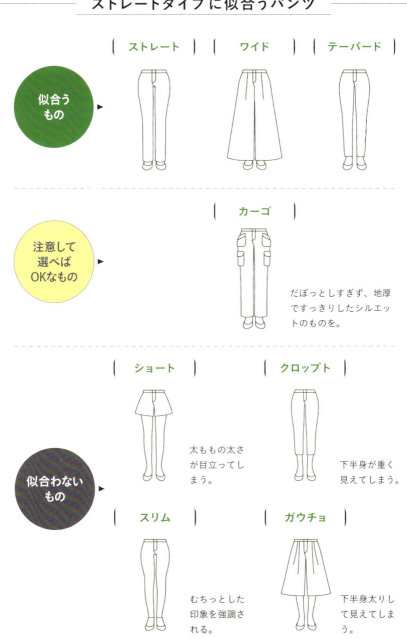

Straight
Skirt
スカート

女性らしい装いを印象づける定番のアイテム。丈やシルエットに気をつければ、太って見えない、似合う一着が見つかります。

ここを CHECK！

- [ ] きれいめで厚手の素材
- [ ] Iラインを作るストンとしたシルエット
- [ ] 広がりすぎるものはNG！
- [ ] ひざ下丈でバランス悪く見えるものはNG！
- [ ] ボリュームがあるものは着太りするのでNG！

NG これが苦手…

ボリュームフレアは、横に大きく見えてしまう

ミモレ丈はバランスが悪く見える

27 【レーススカート】

DATA
定番｜個性派
甘｜辛

25　29　21　29
スプリング　サマー　オータム　ウインター

きれいめなレース
ストレートタイプに似合うのは、細かすぎない、きれいめなレース素材。ざっくりしたレースは派手に見えがちなので避けて。

タイトデザイン
下半身をすっきり見せるデザインで、メリハリ体型を上手に見せて。ふんわり広がるシルエットはNG。

すねが見える丈
すらっと伸びるひざ下を強調させる、ひざ位置がわかる丈が◎。ひざやすねがしっかり見えるものを。

28
[ラップスカート]

DATA

シンプルなデザイン
巻いた形が大人な女性らしさをアップ。飾りが少なく、すっきりシンプルなデザインを。

上質な素材感
ざっくりしたものより、きめが細かく上質な綿素材がストレートタイプには似合います。上品な雰囲気を演出しやすく、きれいめに着こなせます。

29
[ペンシルスカート]

DATA

B ability

相性の良い
ITEM
→P57

ラウンドTシャツ
カジュアルTシャツもきれいめストライプのスカートでレディに。

ストライプ柄も◎
縦ラインを強調できるストライプ柄も、ストレートタイプにおすすめ。シンプルで細すぎないラインを選んで。

ペンシルデザイン
ペンシルスカートのデザインは、ストレートタイプの体型を女性らしく見せます。丈はすねが見えるくらいが正解。

Straight

30
[デニムスカート]

DATA

定番｜██　　｜個性派
甘　｜██　　｜辛

25 スプリング　29 サマー　21 オータム　29 ウインター

BYMITY

タイトなシルエット
タイトスカートが似合うので、デニムもタイトシルエットを選びます。ひざかすねが見える丈のものを。

きちんと感のあるデニム
カジュアル感が強くない、ノンウォッシュタイプで、ラフすぎないきれいめなデニムを選んで。

相性の良いITEM →P57

ボーダーカットソー
カジュアルカットソーのコーデもきれいめなデニムで上品に。

31
[マキシスカート]

DATA

定番｜　██　｜個性派
甘　｜██　　｜辛

22 スプリング　26 サマー　28 オータム　27 ウインター

素材は厚手がベスト
うす手素材は、肉感を悪目立ちさせるので避けて。スウェットのような厚手のしっかりした素材を選びましょう。

タイトなマキシ丈
タイトシルエットは、ストレートタイプの高い腰位置を美しく、下半身をすっきり見せるので、一番似合う形です。マキシタイプなら大人っぽく。

ストレートタイプに似合うスカート丈

×	◎	△	×	◎
もも丈	ひざ上丈	ひざ下丈	ミモレ丈	マキシ丈
もも の太さが目立って見えてしまう。	ひざ下やすねのきれいなラインを見せて。	すねが見える丈ならひざが隠れても大丈夫。	中途半端な丈はバランスが悪く見える。	ストンとしたシルエットがIラインコーデに◎。

フレアスカートの似合わせ方

苦手なフレアスカートも、ポイントをおさえればおしゃれに着こなせます。

トップスは…
一番似合うV開きのネックラインのものを合わせて。

デザインは…
ウエストタックが少ないギャザータイプ。

素材は…
地厚でシワが入りにくい、なるべくハリが強い素材。

小物は…
帽子やバッグなど、存在感のある小物で視線をスカートから分散させて。

丈は…
ひざ上かすねが見える長さのもの。

靴は…
ひざ下がきれいに見えるパンプスなど。

Straight
One-piece Dress
ワンピース

お似合いの一着があれば、一枚でスタイルが決まるのでラクチン。ストンとしたシルエット選びが似合うポイントです。

ここを CHECK!

- ☐ 厚手で、ハリのある素材
- ☐ 首元が縦に開くか、ハイネックのもの
- ☐ ストンとしたIラインシルエット
- ☐ ぴたふわシルエットのAラインはNG！
- ☐ ボリュームあるシルエットはNG！
- ☐ だぼっとしたサイズはNG！

NG これが苦手…

Aラインワンピは、下半身の厚みを拾ってしまう

ウエストが強調されるデザインは、太って見える

32 [オールインワン]

DATA
定番｜個性派
甘｜辛

25 スプリング　29 サマー　21 オータム　29 ウインター

Iラインシルエット
Iラインを意識して、腰やヒップまわりがもたつかない、装飾の少ないシンプルなデザインを選んで。

Vネックライン
上半身が詰まって見えがちな体型なので、ネックラインが縦あきになる、深めのVネックを選びましょう。

上質な素材
厚手で、体へのフィット感が少ない素材が、ハリのある肌質を美しく見せます。シワが出にくいものが◎。

B ability

33
[シャツワンピース]

DATA

定番 |■■| 個性派
甘 |■■| 辛

30 / 30 / 30 / 30
スプリング サマー オータム ウインター

シャツデザイン
ストレートタイプに似合うシャツデザインを、ワンピースにも取り入れて。ボタンをはずしてV開きを作るのがポイント。

厚手のきれいめ素材
綿100%や、シルク混のハリのある生地を選んで。肌の質感をきれいに引き立たせます。

34
[ラップワンピース]

DATA

定番 |■■| 個性派
甘 |■■| 辛

25 / 29 / 21 / 29
スプリング サマー オータム ウインター

DHELA

ラップワンピデザイン
装飾感が少ないシンプルなデザインが似合います。

縦開きデザイン
首元が大胆に開いたタイプでも、上品に着こなせます。大きな縦開きでIラインを強調させて。

35
[タンクワンピ]

DATA

定番 |■■| 個性派
甘 |■■| 辛

19 / 14 / 19 / 13
スプリング サマー オータム ウインター

シンプルデザイン
タックやウエストマークが入っていない、極力シンプルなものを選んで。Iラインシルエットのデザインがベスト。

ひざ上丈
ひざ位置がわかる、ひざ上丈デザインがベスト。すっきりしたひざ下を強調させ、足をすらっと見せられます。

Straight / OTHER

Straight
▼
Outer
アウター

秋冬シーンに活躍するアウター。とくにコートはきれいなシルエットを意識し、ハリのある素材を選ぶのを忘れずに。

ここを CHECK！

- ☐ 厚手で、ハリのある上質な素材
- ☐ Iラインシルエットになるもの
- ☐ シンプルでかっちりしたデザイン
- ☐ ボリュームがあるファー素材のものはNG！
- ☐ 大きすぎて着太りして見えるものはNG！
- ☐ 長すぎる丈で、ルーズに見えるものはNG！

NG これが苦手…

ファーコートはボリュームが出て着太りする

ニットコートはルーズ感が悪目立ちする

36
[トレンチコート]

DATA

| 定番 ■ | 個性派 |
| 甘 ■ | 辛 |

26 スプリング / 23 サマー / 23 オータム / 25 ウインター

王道の シンプルデザイン
余計な装飾がないスタンダードな形のものがよく似合います。えりの形もスタンダードでスマートなデザインを。

ストンとした シルエット
ウエストを絞りすぎたり、裾が広がりすぎるタイプは苦手。ストンと落ちる、すっきりした形を選んで。

ハリのある素材
綿を使った、しっかりとハリのある素材が、体のボリュームをカバーします。丈は長すぎない、ひざ丈が◎。

SEMPACH

37
[チェスターコート]

DATA

UNIVERSAL LANGUAGE

深いV開きの デザイン
上質なウールの質感、深いV開きのデザインが、ストレートタイプによく似合います。

長すぎない丈
長めな丈が多いデザインですが、ひざ下くらいの丈が、すっきりと見えてグッドバランス。だぼっとした印象にならないように。

38
[ダウンコート]

DATA

DUVETICA

シンプルな形
ストンとしたシルエット、長さはひざ上くらいの短めが正解。ウエストのベルトは絞りすぎず、ほどよくフィットさせて。

狭いステッチ幅
ステッチ幅が広いタイプは着膨れして見えがち。すっきり見える狭いステッチ幅を選ぶのが正解。

39
[ラップコート]

DATA

ELISA

Iラインを意識してすっきり見えるもの
ウエストマークは腰幅ジャストサイズになるように調整。Iラインシルエットを作って品良く着こなして。

上質な質感
厚手でシワ感のない素材が、ハリのある肌の質感にベストマッチ。上質なウール素材を選びましょう。

Straight
Party Dress
イベント服

装飾された服が苦手なストレートタイプですが、勝負服はいつもより華やかなものを選んでもOKです。シルエットと素材に注目を。

CHECK!

- □ 高級な素材感で華やかさのあるもの
- □ スカートはすねが見える丈くらいのもの
- □ ドレープやプリーツが多いものはNG！
- □ Iラインシルエットが作れないものはNG！

NG これが苦手…
体にぴったりしてしまうもの、布の量が多く、ボリューム感のあるもの

40 [セットアップ]

DATA
定番┤├個性派
甘┤├辛

(30) スプリング　**29** サマー　**21** オータム　**18** ウインター

Iラインシルエット
スマートな着こなしができるシンプルなパンツセットアップは、ストレートタイプだから着こなせるアイテム。アクセと合わせて上品に仕上げて。

シンプルなデザインのバッグ
クラッチバッグは飾りの少ないシンプルなタイプがよく似合います。色や素材で、シック&ゴージャスに。

クラッチバッグ（SERPUI）

41
【タンクドレス】

DATA
定番 |━━■━━| 個性派
甘　|━■━━━| 辛

14 スプリング　22 サマー　7 オータム　24 ウインター

メリハリある デザイン
ボーダーや花柄などの柄物はメリハリのある太め、大きめが◎。生地はしっかりした硬めな素材を。また、肩の幅がなるべく広く、裾の形が広がらずストンと落ちるタイプを選んで。

革×メタル素材 のバッグ
表革のリッチな素材感と、メタルの大人な輝きが似合います。

クラッチバッグ（destyle）

42
【Vネックドレス】

DATA
定番 |━━■━━| 個性派
甘　|━━■━━| 辛

25 スプリング　28 サマー　21 オータム　29 ウインター

スクエアデザインの バッグ
かっちり感のあるスクエアバッグは、ストレートタイプのクラス感を美しく引き立てます。派手すぎないストーン使いもGOOD。

クラッチバッグ（ABISTE）

Vネックライン
縦に大きく開くVネックは、それだけで、ストレートタイプの胸元を華やかに見せます。シルエットでIラインにまとめ、広がりすぎないデザイン、肩は細すぎない幅を選んで。

Straight / OTHER

Straight

▼

Accessories

アクセサリー

43【 メガネ 】
装飾が少なく、レンズが大き
すぎず小さすぎない、オーソ
ドックスなデザインが◎。

44【 バングル 】
太めで幅のあるデザインや、
装飾が少ないメタルタイプ、
本革をあしらったデザイン
もよく似合います。

45【 時計 】
フェイスは大きすぎず
小さすぎない丸型がベ
スト。シンプルな表革
のベルトを選んで。

46【 ポストピアス 】
デザイン性の少ないもの
がよく似合います。貴石
の一粒か、模様の少ない
メタルタイプがおすすめ。

47【 パールネックレス 】
粒が小さくない、本真珠が
似合います。長さは首が
詰まりすぎない、マチネ
(→P19)以上、粒は8mm以
上の大きさのものを。

48【 サングラス 】
存在感が強いサングラスも、
メガネと同様に定番のデザ
インを選ぶのが正解。

49【 ネックレス 】
ダイヤモンドなど貴石をシン
プルにあしらった、一粒
ネックレスで首元を上品に
見せて。

50【 パールピアス 】
耳元を上品に見せるシンプ
ルな一粒タイプが、女性ら
しい魅力をアップさせます。
上質な本真珠を選んで。

ここを
CHECK!

☐ 大ぶり、シンプル、オーソドックスな
　デザイン、貴石や本真珠、メタル素材
☐ 華奢すぎるデザイン、半貴石や
　天然石などのカジュアルなものはNG！

43(JINS)、44(Ane Mone)、46(ABISTE)、47(ABISTE)、
48(JINS)、49(ABISTE)、50(ABISTE)

Straight

Hat/Scarf/Belt
帽子／スカーフ／ベルト

51【ハット】
上品でメンズライクなデザインが似合います。つばは広すぎず、リボンなどの装飾も避けシンプルに。

53【キャスケット】
かっちり感のある形、ウールや革などの上質な素材で、カジュアルすぎないタイプを選んで。

54【シルクスカーフ】
上質でハリのあるシルクスカーフは、ストレートタイプの魅力を上手に引き出します。高級感のある柄も◎。

55【ストール】
カシミヤなどの、シワにならない、上質な素材が似合います。ぐるぐる巻くより垂らして縦長シルエットを作ると◎。

52【ベルト】
かっちり感のある革素材、太すぎないデザインがおすすめ。

> **ここを CHECK!**
> ☐ かっちり感のあるデザイン、高級感のある素材
> ☐ 帽子は華美なもの、スカーフはシワ感がNG！

51(Bailey)、53(CA4LA)、54(manipuri)、55(FURLA)

Straight
▼
Bag
バッグ

56【トートバッグ】
直線的なデザインで、きちんと感のあるタイプ、やや大きめなトートタイプが、バランスよく見せられます。

58【チェーンバッグ】
持ち手がチェーンのバッグは、太めのチェーンを使っているものを。高級感のあるデザインを選びます。

57【バーキン風バッグ】
かっちりした雰囲気で、上品に見える形が◎。マチがあって自立できるタイプを選びましょう。

59【リュックバッグ】
カジュアル感のあるリュックは、上質な革素材、シンプルなデザインで、上品に見せるのが正解です。

ここを CHECK！

☑ 大きめで、自立できるもの、かっちり感のあるデザイン

☑ 小さいもの、飾りが多いもの、エナメルやキルティングなどはNG！

56（THE SUIT COMPANY）、57（THE SUIT COMPANY）、58（DIANA）、59（A.D.M.J.）

Straight

▼
Shoes

靴

60 【 ハイヒールパンプス 】
ヒールは華奢すぎないものが正解。表革素材で、飾りのない上品なデザインが◎。

ここを CHECK !
- ☐ 表革素材などきれいめな素材、きちんと感のあるデザイン
- ☐ ヒールが細く、ストラップがあるもの、ラフすぎるものはNG！

61 【 ハイヒールサンダル 】
華奢でもなくごつくもないデザインのものを。つま先がきれいに見えるパンプスシルエットも似合います。

64 【 ローファー 】
フリンジがないタイプがおすすめ。ツヤやシワのない質感が◎。

62 【 ショートブーツ 】
細いひざ下をきれいに見せるショートブーツ。派手すぎない品のあるデザインがベスト。

63 【 表革パンプス 】
ハリのある肌質をきれいに見せる、上質な表革パンプスで美脚を狙って。

65 【 スニーカー 】
ラフすぎない、コンパクトなシルエット、シンプルなデザインで、きれいめな着こなしに似合うものを。

60(RUSALKA)、62(DIANA)、63(Joli Encore)、64(CAMINANDO)、65(new balance)

Wave

T-shirts/Cut&Sewn
Tシャツ／カットソー

どんなコーデでも活躍する定番の一着。うす手でぴったりしたサイズ、袖やえりにデザインがあるものも似合います。

ここを CHECK！

- ☐ うす手で、やわらかい素材
- ☐ えりが縦に開きすぎないもの
- ☐ 小さめ、ぴたっとしたサイズ
- ☐ 硬めな素材、ざっくりした素材はNG！
- ☐ えりが縦に開きすぎるものはNG！
- ☐ 大きすぎて服に着られて見えるものはNG！

NG これが苦手…

厚手で、大きいメンズライクTシャツは幼く見える

ネックの開きの深いカットソーは貧相に見える

01 [Tシャツ]

DATA
定番 ― ｜個性派
甘 ― ｜辛
30 スプリング　30 サマー　30 オータム　30 ウインター

うす手素材
体にフィットする、うす手の素材がぴったり。綿よりもポリエステルやうすいレーヨンがソフトな肌質になじみます。

短めな袖丈
細めなうでをきれいに見せる、短め袖丈がおすすめです。フレンチスリーブやパフスリーブもよく似合います。

ぴたっとサイズ
上半身のシルエットがわかるような、ぴったりしたコンパクトなシルエットを選びましょう。

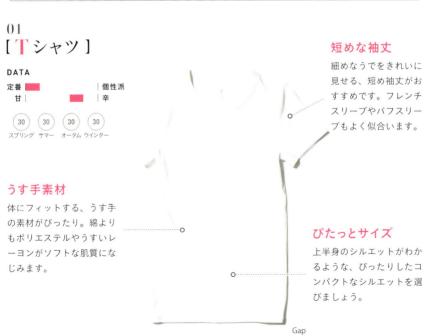

Gap

02
[幅広Vネックカットソー]

DATA

定番｜　　　｜個性派
甘｜　　　｜辛

23 スプリング　9 サマー　22 オータム　10 ウインター

浅めのネックライン
Vネックを選ぶなら、胸元の開きが浅いタイプ。横に広い首の開きで、美しい鎖骨ラインを見せましょう。

ストレッチ素材
ストレッチの効いたうす手素材で、上半身のカーヴィーラインを強調しましょう。ソフトな生地を選んで。

03
[バルーン袖カットソー]

DATA

定番｜　　　｜個性派
甘｜　　　｜辛

26 スプリング　23 サマー　23 オータム　25 ウインター

ボートネック
首の開きが少なく、横に広く浅いネックラインを選んで。長い首をきれいに見せます。

バルーン袖
細身な上半身をふんわりと華やかに見せるバルーン袖。ボリュームが出すぎないものを選んで。

WHITE THE SUIT COMPANY

04
[デザインカットソー]

DATA

定番｜　　　｜個性派
甘｜　　　｜辛

8 スプリング　13 サマー　22 オータム　6 ウインター

浅い開き
首まわりの開きは浅いタイプがベスト。鎖骨を美しく見せるデザインがおすすめ。

フレアタイプ
上半身を華やかに見せるように、袖や裾がフレアタイプのものがよく似合います。丈も腰上くらいの短めに。

ELISA

Wave / TOPS

Wave
Shirts/Blouse
シャツ／ブラウス

ウェーブタイプは、シャツよりもブラウスが得意です。シャツデザインならボタンのないタイプで、とろみ素材を選びましょう。

ここを CHECK!

- [ ] うす手で、やわらかい、とろみ素材
- [ ] えりが縦に開きすぎないもの
- [ ] さみしい印象にならないもの
- [ ] 硬めな素材はNG！
- [ ] えりが縦に大きく開くものはNG！
- [ ] かっちりしすぎたデザインのものはNG！

NG これが苦手…

かっちりしたシャツは、服に着られてしまう

首の開きが深いデザインは胸元がさみしく見えてしまう

05 [シャツブラウス]

DATA
定番｜個性派
甘｜辛

1　1　2　2
スプリング　サマー　オータム　ウインター

浅めのVネック
胸が開いたデザインは苦手なので、やや浅めのV開きをセレクト。サイズも大きすぎないよう注意。

フレンチスリーブ
華奢なうでを強調させる、フレンチスリーブのような短めな袖丈を選びましょう。

とろみ素材
かちっとしたシャツデザインも、サテン、シルク、シフォンなどうす手のとろみ素材だと似合います。

22 OCTOBRE

06
[ベルスリーブブラウス]

DATA

定番 | 個性派
甘 |　| 辛

30	30	30	30
スプリング	サマー	オータム	ウインター

WHISTLES

ラウンドネック
控えめな首の開きが、長い首ときれいな鎖骨を上品に見せてくれます。

ベルスリーブ
ベルスリーブは、さみしくなりがちなウェーブタイプの上半身を華やかに見せるおすすめのデザイン。

07
[オフショルダーブラウス]

DATA

定番 | 個性派
甘 |　| 辛

22	28	29	28
スプリング	サマー	オータム	ウインター

MUSE by RIMO

華やかデザイン
ウェーブタイプだから似合う、フリルをたっぷり使ったデザイン。オフショルダーもよく似合います。甘さは色で調整して。

シフォン素材
ソフトな質感のシフォン素材が肌質になじみます。ギャザーがたっぷり入ったものを。

08
[装飾袖ブラウス]

DATA

定番 | 個性派
甘 |　| 辛

25	18	21	18
スプリング	サマー	オータム	ウインター

オフショルダー
少しゆったりめのサイズでもオフショルダーならやぼったくなりません。

装飾袖
リボンデザインはウェーブタイプが大得意。絞りデザインと細めストライプなら甘くなりすぎません。

> **相性の良いITEM** → P100
> **スカーチョ**
> カジュアルなストライプとスカーチョを合わせてこなれた雰囲気に。

Wave TOPS

Wave
Knit
ニット

ふんわりした素材がウェーブタイプの魅力を引き立てます。丈に注意してコーディネートにどんどん取り入れましょう。

ここを CHECK！

- ざっくり感のない素材
- えりが浅めの開きもの
- 腰上丈のコンパクトなサイズ
- ローゲージ、ざっくり感が強い素材はNG！
- ハイネックデザインはNG！
- ロング丈はNG！

NG これが苦手…

ハイネックニットは、バストトップの低さが目立ってしまう

だぼっとしたローゲージは服に着られてやぼったく見える

09 [モヘアニット]

DATA
定番｜　　｜個性派
甘｜　　｜辛

22 スプリング　26 サマー　30 オータム　25 ウインター

開きすぎない首
浅い開きのネックラインが◎。細い鎖骨が少し見えるくらいに。

半袖
コンパクトな袖が似合います。長い袖のときは、まくって手首を見せる着こなしを。

ふんわり素材
アンゴラやモヘアなど、動物の毛皮のようなふんわり素材が、やわらかな肌質によくなじみ、おすすめです。

10
【 カーディガン 】

DATA

定番 |■■■| 個性派
甘 |■■■| 辛

14	22	7	24
スプリング	サマー	オータム	ウインター

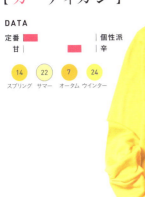

相性の良い
ITEM
→**P86**

Tシャツ
ベーシックな白Tに肩掛けすれば、上半身の華やかさアップ。

うす手素材
うす手で、やわらかな質感、ざっくりしていない素材が肌を美しく見せてくれます。

ラウンドネック
カーディガンが一番似合うのがウェーブタイプ。首開きが浅いラウンドネックが、胸元をさみしく見せずおすすめ。

JOHN SMEDLEY

11
【 ツインニット 】

DATA

定番 |■■■| 個性派
甘 |■■■| 辛

25	18	21	18
スプリング	サマー	オータム	ウインター

ツインデザイン
足し算コーデが得意なウェーブタイプは、重ね着ができるツインニットがぴったり。

小さめサイズ
コンパクトなサイズ、腰上丈が鉄板です。体型の特徴である低い腰位置がわからない丈を選んで。

JOHN SMEDLEY

Wave
TOPS

Wave

12 [ノースリーブリブニット]

DATA

定番 ―|― |― 個性派
甘 ―|― |― 辛

22 スプリング　27 サマー　19 オータム　10 ウインター

フィット素材
リブニットのようなフィット素材が得意です。幅が細く、ストレッチが効いた、うす手の素材がベスト。

ノースリーブ
細めな二のうでを見せるノースリーブはウェーブタイプが一番得意。首の開きが浅いものを選んで。

13 [オフショルダーニット]

DATA

定番 ―| |― 個性派
甘 ―|― |― 辛

25 スプリング　29 サマー　21 オータム　29 ウインター

オフショルダー
首から肩にかけてのきれいなラインが見せられるオフショルダーは、得意なデザイン。

リブ素材
体にフィットする細めのリブ素材が体のラインを美しく見せます。袖もコンパクトなシルエットのものを選んで。

14
[スクエアネックニット]

DATA

定番｜　　　　｜個性派
甘　｜　　　　｜辛

スクエアネック
開きが浅いスクエアネックは、ネックラインをきれいに見せます。

短め丈
腰上くらいの短い着丈が、ウエスト位置を高めに見せて、全身をバランスよく見せてくれます。

相性の良い ITEM → P104

タイトスカート
タイトスカートに合わせれば、スポーティなスタイルに。

ウェーブタイプに似合うトップス

似合うもの

(ラウンドネック)　(スクエアネック)　(ボートネック)　(オフタートル)　(オフショルダー)

注意して選べばOKなもの

(Vネック)　　(Uネック)

開きが浅いタイプを選んで。　　開きが浅いタイプを選んで。

似合わないもの

(タートルネック)

バストトップの位置の低さが目立ってしまう。

Wave / TOPS

Wave
Other Tops
その他トップス

スポーティーなパーカや、遊びごころあふれるチュニックブラウスなども骨格に合うポイントをおさえて、選びましょう。

ここを CHECK!

- [ ] やわらかい素材
- [ ] 華やかでデザイン性があるもの
- [ ] コンパクトなサイズやシルエット
- [ ] シンプルすぎて地味な印象のものはNG！
- [ ] 首元がさみしく見えるものはNG！
- [ ] 大きく、ゆったりしたものはNG！

NG これが苦手…

ゆったりサイズの大きいパーカは、服に着られてしまう

シンプルなデザインのニットは地味に見えがち

15 [パーカ]

DATA

定番 ━━ 個性派
甘 ━━ 辛

スプリング	サマー	オータム	ウインター
30	26	30	25

立つ形のフード
立体感のあるフードが似合います。首まわりにボリュームを出して、小顔効果を狙って。

コンパクトサイズ
ラフな印象のパーカは、コンパクトなサイズを選ぶとやぼったさが出にくいです。なるべく小さいサイズを。

うす手素材
やわらかく、うす手な素材を選びましょう。ナイロン素材か、なるべくきれいめな素材ならウェーブタイプの肌質に似合って◎。

Champion

16
[ボレロ]

DATA

定番｜■｜個性派
甘｜■｜辛

スプリング 9　サマー 6　オータム 3　ウインター 7

重ね着できるもの
上半身の重ね着が得意なので、重ね着用に使えるニットもおすすめ。苦手な深開きデザインもボレロならOK。

リボンデザイン
リボンモチーフは、ウェーブの得意なデザイン。細いウエストに視線を集めるデザインバランスが◎。

OLD ENGLAND

17
[オフタートルトップス]

DATA

定番｜■｜個性派
甘｜■｜辛

スプリング 25　サマー 29　オータム 21　ウインター 29

コンパクトサイズ
大きすぎるサイズは服に着られてしまいます。体のラインがわかるようなコンパクトサイズを。丈は短めが足長効果を狙えます。

オフタートル
オフタートルはさみしくなりがちな胸元に、ボリュームを足してくれます。

NATURAL BEAUTY

18
[チュニックブラウス]

DATA

定番｜■｜個性派
甘｜■｜辛

スプリング 1　サマー 1　オータム 1　ウインター 1

コルセット風
ウエストの細さを強調できる、コルセットデザインもウェーブタイプならおしゃれに取り入れられます。

フリル＆ギャザー
細かなフリルや、やわらかな布を生かしたギャザーが、ウェーブタイプの魅力を引き出します。

Cookie Chocolate

Wave TOPS

95

Wave ▼ Jacket

ジャケット

どんなコーデも品よくまとまるジャケット。V開きが浅めで、短い丈、丸みのあるディテールのタイプなら間違いなし！

ここを CHECK！

- ☐ 華やかな素材
- ☐ 丸みのあるデザイン、V開きが浅いもの
- ☐ 短め丈、コンパクトサイズ
- ☐ かっちりしすぎて地味なものはNG！
- ☐ 腰より長い丈はNG！
- ☐ 大きいサイズのものはNG！

NG これが苦手…

ハードでカジュアルな素材は服に負けてしまう

大きいサイズは服に着られてやぼったく見える

19 [テーラードジャケット]

DATA
定番 ■ ｜個性派
甘 ■ ｜辛

25 スプリング　29 サマー　21 オータム　18 ウインター

丸いデザイン
えりや裾、ポケットなどがあまり角ばっていない、丸みの多いデザインが、しっくりきます。

フェミニンシルエット
ウエストラインが体にフィットした、やや細身のシルエットがよく似合います。ストンとした形は苦手。

短め丈
かっちり感のあるジャケットは、服に着られないように小さめサイズをセレクト。裾は短く腰上くらいの丈を。

Little chic

20 [ツイードジャケット]

DATA

定番 |───| 個性派
甘 |■─| 辛

ツイード素材

ファンシーツイードなど、華やかな生地を着こなせるのは、ウェーブタイプならでは。

コンパクトデザイン

腰上の短め丈、シャネルスーツのようなコンパクトで品のあるデザインが似合います。

ELISA

---

21 [ベルベットジャケット]

DATA

定番 |──■| 個性派
甘 |■─| 辛

華やかな生地

光沢感のある華やかなベルベットなら、地味になりがちなシンプルジャケットもさみしくなりません。

ソフトなフォルム

えりや裾に丸みのあるデザインが、ウェーブタイプによく似合います。

OLD ENGLAND

Wave / TOPS

97

Wave ▼ Pants
パンツ

クールなスタイルが作れるパンツ。シルエットに気をつければ、ウェーブタイプも上手に着こなせます。

ここを CHECK!

- [ ] うす手で、フィットする素材
- [ ] 足先がすっきりしたデザイン
- [ ] タイトなシルエットで、華やかなデザイン
- [ ] 重く見える厚手素材はNG！
- [ ] ラフなデザインはNG！
- [ ] だぼっとしすぎるものはNG！

NG これが苦手…

ガウチョシルエットは、下半身が重く見えてしまう

ストレートパンツは着太りして見える

22 [クロップトパンツ]

DATA
定番 ■　　｜個性派
甘 ｜　　　　辛

- スプリング 25
- サマー 29
- オータム 21
- ウインター 29

うす手素材
下半身が軽やかに見える、うす手素材のパンツを選びましょう。うす手のコットンやポリエステルが◎。

スリムシルエット
下半身をすっきり見せる、スリムシルエットがおすすめです。

クロップト丈
足首見えのクロップトデザインはウェーブタイプが似合うデザイン。下半身の重さを回避して。

23
[テーパードパンツ]

DATA

定番 個性派
甘 辛

スプリング サマー オータム ウインター

テーパードデザイン
裾に向かってシェイプされた形は、ウェーブタイプの下半身をすっきり見せてくれます。腰やヒップラインがだぼっとしないタイプを選んで。

チェック柄
装飾的なデザインが得意なので、地味になりがちなパンツは柄で遊んで。柄は小さく細かいものが◎。

相性の良い ITEM → P93

スクエアネックニット
シンプルタイトなトップスと合わせ、パンツをレディな着こなしに。

INCOTEX

24
[スリムパンツ]

DATA

定番 個性派
甘 辛

スプリング サマー オータム ウインター

うす手素材
カジュアルデザインも、うす手でストレッチの効いた素材なら着こなせます。ラフになりすぎないものを選んで。

スリムタイプ
ぴったりフィットするスリムパンツは下半身が太く見えずおすすめです。

GENETIC

Wave / BOTTOMS

Wave

25 [スカーチョ]

DATA
定番 |―| 個性派
甘 |―| 辛

27 スプリング　23 サマー　24 オータム　25 ウインター

ウエストマーク
ウエストまわりは、くびれがしっかり強調できるようにベルトでマーク。トップスインできるタイプがおすすめ。

スカートシルエット
ガウチョよりもスカーチョが得意です。うす手でとろみのある素材がGOOD。

相性の良いITEM →P89

ベルスリーブブラウス
ブラウスのウエストインとウエストマークで上品なコーデに。

---

26 [ショートパンツ]

DATA
定番 |―| 個性派
甘 |―| 辛

25 スプリング　29 サマー　21 オータム　18 ウインター

ショート丈
ウェーブタイプらしい、ほっそりとした太ももを引き立てるショート丈。子どもっぽくならないうす手できれいめなものを選んで。

細めストライプ
甘くなりがちなウェーブタイプ。柄を上手に取り入れて調整を。細めストライプなら辛口感をほどよく出せます。

ウェーブタイプに似合うパンツ

似合うもの ▶

(ショート)　(クロップト)　(スリム)

注意して選べばOKなもの ▶

(ストレート)　(ガウチョ)

だぼっとしすぎず、うす手ですっきりしたシルエットのもの。

スカーチョに見えるデザインのもの。

似合わないもの ▶

(カーゴ)　(ワイド)

下半身太りして見えてしまう。

下半身が重く見えてしまう。

Wave

BOTTOMS

101

Wave ▼ Skirt
スカート

ウェーブタイプが得意なアイテム。長さのポイントをおさえて、最高に似合うアイテムを見つけて。

CHECK!

- ☐ うす手で、やわらかい素材
- ☐ ウエストから広がるシルエット
- ☐ ひざが隠れる長さのもの
- ☐ 重く見える厚手素材はNG！
- ☐ ラフなデザインはNG！
- ☐ ひざ上丈、マキシ丈はNG！

NG これが苦手…

ひざ上丈スカートは、足が短く見える

マキシ丈スカートは下半身が重く見えてしまう

27 [プリーツスカート]

DATA
定番 | 個性派
甘 | 辛

スプリング 20 / サマー 15 / オータム 19 / ウインター 14

シフォン素材
やわらかなシフォン素材は、ウェーブタイプの肌を魅力的に見せます。

ひざ下丈
ひざの位置を隠して、足長効果が期待できる、ひざ下丈がベスト。足首はしっかり見せて軽やかな印象にしましょう。

プリーツデザイン
細かいプリーツデザインは、下半身を軽やかに見せてくれます。繊細な雰囲気もウェーブタイプにぴったり。

28
[フレアスカート]

DATA
定番 ▬▬ | 個性派
甘 ▬▬ | 辛

- スプリング 30
- サマー 23
- オータム 23
- ウインター 25

フレアデザイン
横に広がるフレアデザインなら、きれいなシルエットが作れます。やわらかい素材のものを選んで。

ウエストマーク
ウエストはしっかり絞って細さを強調できるデザインをセレクト。トップスをインすると◎。

29
[レーススカート]

DATA
定番 | ▬▬ 個性派
甘 ▬▬ | 辛

- スプリング 30
- サマー 30
- オータム 30
- ウインター 30

ミモレ丈
下半身のバランスをきれいに見せるミモレ丈が◎。

繊細なレース
細かく、繊細な雰囲気のレースが似合います。ギャザーが少し入ったデザインでもウェーブタイプなら甘くなりすぎません。

Wave / BOTTOMS

Wave

30 [ミモレ丈スカート]

DATA
定番 | 個性派
甘 | 辛

23 スプリング / 12 サマー / 4 オータム / 6 ウインター

ふんわりシルエット
ふんわりシルエットはウェーブタイプに似合う定番の形。ウエストから広がる形で腰位置が高く見えます。

うす手素材
うす手素材なら、ボリュームフレアでも下半身が重たくなりすぎません。ハリがある素材はちぐはぐな印象になるので注意を。

相性の良い ITEM →P89

装飾袖ブラウス
オフショルダー、装飾袖の華やかトップスを合わせても◎。

---

31 [タイトスカート]

DATA
定番 | 個性派
甘 | 辛

25 スプリング / 29 サマー / 21 オータム / 29 ウインター

ひざ下丈
ひざが隠れる丈が、全身をバランスよく見せてくれます。生地はナイロンなどのやわらかで曲線シルエットが出やすいものを。

ウエストマーク
細いウエストをしっかり強調させるように、ベルトでウエストマークを。

BOSCH

ウェーブタイプに似合うスカート丈

◎	△	◎	△	×
(もも丈)	(ひざ上丈)	(ひざ下丈)	(ミモレ丈)	(マキシ丈)
細い太ももをきれいに見せられる。	ひざ位置が強調され足が短く見える。	足が長くバランスよく見える。	下半身が重くならない短めなものを。	下半身が重くなってしまう。

長め丈スカートの似合わせ方

苦手なマキシ丈は、小物を選んで攻略！

＋ハイヒールパンプス

ヒールの高いパンプスで足元に空間を作って、軽やかに見せる。

＋ボリュームスカーフ

スカーフを首まわりに巻いて、視線を上にあげて上重心に。

Wave

One-piece Dress

ワンピース

華やかな雰囲気のワンピースはAラインなどのシルエットをおさえてベストな一着を見つけて。

ここを CHECK!

- ☐ Aラインシルエット
- ☐ タックや飾りの入ったもの
- ☐ ウエスト位置が高く見えるもの
- ☐ IラインシルエットはNG！
- ☐ 地味に見えるデザインはNG！
- ☐ ウエスト位置がわからないものはNG！

NG これが苦手…

シルエットにメリハリのないIラインは、足が短く見える

サックワンピースは、ゆったり感が服に着られて見える

32
[フィット＆フレアワンピース]

DATA
定番 ■■■ ｜個性派
甘 ■■ ｜辛

スプリング 1 / サマー 1 / オータム 1 / ウインター 1

フィット＆フレアシルエット
上半身はぴたっと、下半身はふんわり広がる、フィット＆フレアシルエットで、体型を一番美しく見せられます。

高めウエスト
細身なウエストを強調させる、高めのウエスト切り替えで、足長効果を狙って。

きれいめうす手素材
フレアデザインがきれいに出る、うす手素材を選びます。肌触りがやわらかで、ハリのないタイプが◎。

ELISA

33
[Aラインワンピース]

DATA

定番 ▬▬ | 個性派
甘 ▬▬ | 辛

- 14 スプリング
- 23 サマー
- 6 オータム
- 24 ウインター

タック入りデザイン
タックの入ったデザインなら、シンプルなものが苦手なウェーブタイプにも似合います。柄もさみしくならず◎。

ひざ下丈
Aラインワンピの、裾が広がるシルエットがよく似合います。丈はひざが隠れる長さが正解。

34
[セットアップ]

DATA

定番 | ▬▬ 個性派
甘 ▬▬ | 辛

- 25 スプリング
- 29 サマー
- 21 オータム
- 29 ウインター

OLD ENGLAND

華やかデザイン
フリル袖やフレアスカートなど上下に華やかさがあるものはウェーブタイプなら品良くまとまります。

ラウンドネック
首まわりがさみしくなりがちなので、開きが小さいネックラインをセレクト。

35
[オールインワン]

DATA

定番 | ▬▬ 個性派
甘 | ▬▬ 辛

- 25 スプリング
- 29 サマー
- 21 オータム
- 18 ウインター

WHISTLES

ハイウエスト
ウエスト位置を高めに見せる、ハイウエストの切り替えがベスト。リボンなどのウエストマークがあるタイプもおすすめです。

フレア袖
シンプルなデザインでも、フレア袖で上半身の華やかさを忘れずに。細身のシルエットで女性らしさアップ。

Wave ▼ Outer

アウター

ウェーブタイプに似合うアウターは、Aラインなシルエット、コンパクトなサイズ、首周りの開きが浅いデザインを選びましょう。

ここを CHECK！

- ☐ Aラインシルエット
- ☐ 短め丈でコンパクトなもの
- ☐ 首まわりにボリュームがあるもの
- ☐ ストンと落ちるデザインはNG！
- ☐ ウエストが細身になっていないものはNG！
- ☐ 長く大きいシルエットはNG！

NG これが苦手…

スタンダードなトレンチコートは、メリハリがない体型に

大きくゆったりしたシルエットは服に着られて見える

36 【トレンチコート】

DATA
定番 ／ 個性派
甘 ／ 辛

スプリング 26 ／ サマー 18 ／ オータム 23 ／ ウインター 18

裾がひろがるシルエット
着たときに裾が広がるようなシルエットを選びます。上半身がコンパクトなAラインがベスト。

短め丈
下半身がすっきり見える、短め丈をセレクト。ベルトを高めの位置で結べば、くびれも強調できます。

光沢ある生地
うす手でやわらかく光沢のある生地が肌になじみ、華やかでリッチな雰囲気に仕上げてくれます。

THE SUIT COMPANY

37
[プリンセスコート]

DATA
定番 ▬ | 個性派
甘 ▬ | 辛

スプリング サマー オータム ウインター

Aラインシルエット
ウエストが絞られ、裾にかけて広がるAラインシルエットがウェーブタイプの鉄板。

ふんわり素材
起毛ウールや、アンゴラなどのふんわりとした質感が、ソフトな肌質になじみます。

ELISA

38
[ダウンコート]

DATA
定番 | ▬ | 個性派
甘 | ▬ | 辛

スプリング サマー オータム ウインター

幅広ステッチ
華奢な上半身にボリューム感を出すデザインがおすすめ。幅広ステッチや、大きめのえりのデザインが◎。

コンパクトサイズ
だぼっとしない、コンパクトなタイプだとやぼったくなりません。袖が細いデザインも◎。

TATRAS

39
[ファーつきコート]

DATA
定番 | ▬ | 個性派
甘 | ▬ | 辛

スプリング サマー オータム ウインター

ファー素材
ファーはウェーブタイプが得意な素材。フードやえり、袖口にあしらって。

フードつき
首まわりにボリュームが出る、フードつきタイプもよく似合います。

ELISA

Wave / OTHER

Wave
Party Dress
イベント服

華やかな雰囲気はウェーブタイプが大得意。ドレスも小物も光沢感や飾りがたっぷりあるもので、ゴージャスに着飾って。

ここを CHECK!

- ☐ 光沢感がある、華やかな素材
- ☐ ゴージャスな雰囲気、ハイウエストデザイン
- ☐ ストンとしたシルエットはNG！
- ☐ ひざ上丈、マキシ丈はNG！

NG これが苦手…
ストンとしたストレートシルエット、大きさがあり、ボリュームが出すぎてしまうもの

40 [Aラインドレス]

DATA

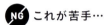

| 定番 | ━━ | 個性派 |
| 甘 | ━━ | 辛 |

㉒ ㉖ ㉘ ㉗
スプリング サマー オータム ウインター

光沢素材
光沢感のあるゴージャスな生地で、華やかに仕上げて。プリーツや切り替えなどのデザインがあるものも似合います。Aラインをおさえておけば、シンプルなデザインでもバランスよく着こなせます。

小さめサイズ
キルティングを効かせた小さいサイズのクラッチは一番おすすめのデザイン。

ドレス（ELISA）、バッグ（ABISTE）

41
[タンクドレス]

DATA

定番 ―|―― 個性派
甘 ――|― 辛

スプリング サマー オータム ウインター

ウエストギャザー
細いウエストに視線を集める、ギャザーデザインが◎。ギャザーは細かいほうが、デザインに着負けせず映えます。細いうでを見せるノースリーブもおすすめ。

華やかなデザイン
パイソン柄とリボンで大人かわいい雰囲気に。ごつくないデザインと大きさを選んで。

ドレス（DHELA）
バッグ（A.D.M.J.）

42
[セットアップ]

DATA

定番 ――|― 個性派
甘 ―|―― 辛

スプリング サマー オータム ウインター

フィット＆フレア シルエット
華やかなレーストップスとフレアスカート、上下で違いのあるデザインが体型を美しく見せます。スカートはひざ下丈で、足長効果を狙って。

ファー素材で豪華に
ファークラッチでボリュームアップするのもおすすめ。パーティドレスをぐんと華やかに。

フレアスカート（NATURAL BEAUTY）、バッグ（A.D.M.J.）

Wave

Accessories
アクセサリー

43【メガネ】
フレームは細めなものが、スマートな印象に。レンズが大きいタイプは小顔効果が狙えてお似合いです。

44【バングル】
細い手首をきれいに見せる、華奢なデザインのバングルを。繊細なチェーンのブレスレットもおすすめ。

45【ピアス】
ゆれデザインが得意です。細めのチェーン、半貴石をあしらったものなどがおすすめ。

46【パールネックレス】
長さはプリンセス(→P25)がベストマッチ。粒の大きさが8mm以下の繊細なデザインが、似合います。

48【サングラス】
柄の入ったフレームや、レンズにグラデーションが入るタイプもおすすめです。

49【フープピアス】
フープピアスなら、繊細なデザインのものが似合います。小さなストーンがついているタイプも◎。

47【時計】
きらりと光る金属製のベルト、チェーンタイプも似合います。ベルトは細め、フェイスは小さめなものを。

50【ネックレス】
細めのチェーン、首元がきらきらと輝くデザインが得意です。華奢だけど華やかさのあるデザインを。

ここを CHECK!

☐ キラキラした半貴石、繊細で華やかなデザイン

☐ 大ぶり、長めなもの、軽やかさがないタイプはNG!

43(JINS)、44(Ane Mone)、45(Ane Mone)、46(ABISTE)、47(SHEEN)、48(Native Sons)、49(Ane Mone)、50(Ane Mone)

Wave

Hat/Scarf/Belt
帽子／スカーフ／ベルト

51 [スヌード]
ボリュームがあるファーのスヌードは、さみしくなりがちな首まわりをぐんと華やかにしてくれます。

52 [ベレー帽]
フェルトやアンゴラなどのふんわりとした素材を選んで。特徴的なデザインで、上重心に見せます。

> **ここを CHECK！**
> ☐ やわらか素材、華やかなデザインのもの
> ☐ ざっくりした質感のものはNG！

53 [ベルト]
ウエスト位置が強調できるベルトがよく似合います。エナメルやハラコ柄などデザインや柄があるタイプもOK。

54 [スカーフ]
小さめでうす手のスカーフが似合います。ハリ感のない、やわらかなシフォンやポリエステル素材がおすすめ。柄も大きすぎないものを。

55 [女優帽]
大きなつばが特徴の女優帽もよく似合います。角が出ない丸みのあるデザインを。

51(Faviora Duo)、52(CA4LA)、54(manipuri)、55(misaharada)

Wave ▼ Bag
バッグ

> **ここを CHECK！**
> - ☐ 小さめサイズ、丸みのあるデザイン
> - ☐ 硬めなデザイン、大きいサイズはNG！

58 [ハラコバッグ]
ハラコを使ったデザインもよく似合います。華やかな模様をコーディネートのアクセントに。

56 [パイソンバッグ]
ウェーブタイプは、パイソン柄も得意です。全面にあしらったゴージャスなバッグで辛口な雰囲気に。

57 [ファークラッチ]
ボリュームのあるファー素材は、クラッチバッグでコンパクトに持つのがおすすめ。スタイルを格上げしてくれます。

59 [小さめボストン]
丸いフォルムのボストンバッグは、小さめサイズを選ぶのが正解。大きいサイズは体が負けてしまいます。

56(A.D.M.J.)、57(A.D.M.J.)、58(DIANA)、59(DIANA)

Wave ▼ Shoes

靴

60 [ロングブーツ]
ロングタイプは、細い太ももに視線を集めるのでよく似合います。素材はスエードなど華やかなものを。

61 [ブーティ]
華奢な足首をしっかり見せるブーティもおすすめ。素材の切り替えがある、華やかデザインを選んで。ショートブーツは脚が太く見えるので×。

62 [リボンつきパンプス]
リボンのあしらいが似合います。カジュアルにもフェミニンにも合う、シンプルなものを。

63 [エナメルパンプス]
ツヤ感が華やかなエナメルパンプスはウェーブタイプのフェミニンな雰囲気にマッチします。

64 [サンダル]
足首の細さに視線を集める、華奢なベルトがついたタイプがお似合い。繊細でレディなデザインを選んで。

65 [スニーカー]
小さくてコンパクトなタイプがおすすめ。パンツと合わせるならロールアップで足首を見せて。

 CHECK!
- ☐ ツヤ、飾り、華奢さ、華やかさのあるデザイン
- ☐ 地味で硬いデザイン、ウェッジソールはNG！

60(DIANA)、61(DIANA Romache)、62(TALANTON by DIANA)、63(carino)、64(DIANA)、65(VANS)

Natural

T-shirts/Cut&Sewn
Tシャツ／カットソー

大きめでカジュアルなデザインが似合います。メンズライクなアイテムが、ナチュラルタイプの女性らしさを引き出します。

ここを CHECK！

- ☐ 厚手で、硬めな素材
- ☐ えりの開きが大きすぎず、直線的な形のもの
- ☐ 大きくて、ゆったり感があるもの
- ☐ えりの開きが大きいものはNG！
- ☐ コンパクトなサイズはNG！
- ☐ 丈が短いものはNG！

NG これが苦手…

コンパクトなTシャツは、体のフレーム感を強調してしまう

丈が短いと服が小さく見える

01 [メンズライクTシャツ]

DATA
定番 ■■■ ｜個性派
甘 ｜ ■■ ｜辛

30 スプリング　30 サマー　30 オータム　30 ウインター

ゆったりサイズ
大きくゆったりしたサイズがよく似合います。フレーム感のある体型を美しく見せる、余裕のあるシルエットが◎。

ざっくりした素材
ざっくりした風合いの素材が特に似合います。綿やリネンが混ざったもの、厚手の生地を選びましょう。

メンズライクデザイン
ユニセックスに着られるデザインは、ナチュラルタイプの人だから着こなせるアイテム。直線的な形も似合います。

02
[丸首Tシャツ]

DATA
定番 | 個性派
甘 | 辛

22 スプリング / 27 サマー / 29 オータム / 27 ウインター

ロールアップ
カジュアルな雰囲気も、大人っぽく着こなせるナチュラルタイプ。袖をロールアップする装いも似合います。

開きすぎない首まわり
骨っぽさのある首まわりがきれいに見えるよう、浅めの開きのデザインを選びましょう。

相性の良い ITEM → P132

ミモレ丈スカート
カジュアルなTシャツをシックなスカートとパールで上品に。

BYMITY

03
[ゆったりカットソー]

DATA
定番 | 個性派
甘 | 辛

17 スプリング / 20 サマー / 16 オータム / 20 ウインター

大きめサイズ
大きめなサイズのものを、スタイリッシュに着こなせます。裾も長めのタイプが似合います。

ゆったりシルエット
リラックスムードたっぷりの、ゆったりシルエットが似合います。裾の広がりが程よい華やかさを作ります。

04
[ロゴTシャツ]

DATA
定番 | 個性派
甘 | 辛

30 スプリング / 30 サマー / 30 オータム / 30 ウインター

ロング丈
腰が隠れるくらいのロング丈を選んで、ゆったりこなれた印象に。体にフィットしすぎないデザインが似合います。

ロゴデザイン
カジュアル感のあるロゴTシャツはナチュラルタイプが一番おしゃれに着こなせるアイテムです。

HAPPINESS

Natural TOPS

Natural

Shirts/Blouse
シャツ／ブラウス

かちっと決めたいシャツやブラウスも、ナチュラルタイプは、ゆったりしたサイズ感でバランスをとるのがポイントです。

ここを CHECK!

- [ ] ざっくりとした風合いの素材
- [ ] えりが開きすぎていないもの
- [ ] 大きくて、ゆとりあるシルエット
- [ ] つるっとした素材はNG！
- [ ] えりの開きが深いものはNG！
- [ ] 短め丈、コンパクトサイズはNG！

NG これが苦手…

前開きが深いものは、首元をたくましく見せてしまう

かっちり感の強い素材は、肌の質感に合わない

05 [シャツ]

DATA
定番 ｜個性派
甘 ｜辛

スプリング　サマー　オータム　ウインター

えり抜きができるもの
えりをうしろに落とす「えり抜き」ができるデザインがよく似合います。ゆったりしたシルエットを作って。

ビッグサイズ
メンズライクなビッグシルエットで、かっちりしすぎずカジュアルにまとめて。

ざっくり素材
洗いざらしのような、ざっくりした素材が、肌の質感になじみます。リネンの混ざったものやシャリ感のある綿素材を。シワ加工があるものもGOOD。

06
[リネンシャツ]

DATA
定番｜━━━━━｜個性派
甘　｜━━　　｜辛

25 スプリング　29 サマー　21 オータム　29 ウインター

長めの腰下丈
腰下まである長め丈で、大きな骨のある腰まわりをゆったりとカバーして。首元が開きすぎないデザインを。

リネン素材
ざっくりしたリネン素材は、ナチュラルタイプにぴったりの素材。ほどよいリラックス感があるものを。

Mashu Kashu

07
[ボヘミアンブラウス]

DATA
定番｜━━━━━｜個性派
甘　｜━━　　｜辛

23 スプリング　11 サマー　22 オータム　10 ウインター

布が多いタイプ
袖や裾に布を多めに使ったものは、かわいらしさを出せます。ざっくりした素材が◎。

ボヘミアンデザイン
ざっくりしたレースや刺しゅうが入ったボヘミアンブラウスは、ナチュラルタイプの得意アイテム。

08
[ダンガリーシャツ]

DATA
定番｜━━━━━｜個性派
甘　｜　━━━━｜辛

20 スプリング　14 サマー　19 オータム　14 ウインター

ウォッシュ加工
カジュアル感の強いウォッシュ加工がベスト。ポケットなどのデザインもラフな雰囲気のものを。

ビッグサイズ
シルエットにゆとりのあるビッグサイズを選んで。1枚で着てもサマになります。

相性の良い ITEM → P129

ガウチョパンツ
きれいめなガウチョを合わせて、上品カジュアルなコーデに。

Natural TOPS

Natural
Knit
ニット

ざっくりした編み目が感じられるラフなタイプがよく似合います。サイズも大きめで、ロング丈をスタイリッシュに着こなして。

ここを CHECK！

- ☐ 編み目の粗いローゲージのもの
- ☐ メンズライクで、ラフなデザイン
- ☐ 長め丈、大きめサイズ
- ☐ うす手、ハイゲージのものはNG！
- ☐ 露出の多いデザインはNG！
- ☐ 短め丈、ぴたっとしたサイズはNG！

NG これが苦手…

ハイゲージニットは、肌の質感になじみにくい

ノースリーブは肩の骨が悪目立ちしがち

09 [ローゲージニット]

DATA
定番／個性派
甘／辛

スプリング 30　サマー 30　オータム 30　ウインター 25

クルーネック
丸いネックラインで、鎖骨まわりをきれいにカバーし、やわらかな印象を作ります。

ローゲージ
ふんわりやさしい雰囲気のニット。ローゲージのざっくり感がナチュラルタイプによく似合います。

ゆとり感
ジャストサイズよりも、ゆとりのある大きめを選ぶのが正解。やさしい色で甘さも出せます。

VAL DE SAIRE

10
[ロングカーディガン]

DATA
定番 | | 個性派
甘 | | 辛

スプリング サマー オータム ウインター

前開きタイプ
ボタンのない前開きタイプが断然おすすめ。さらっとラフにはおるだけで、こなれたスタイルが完成。

相性の良い ITEM → P134

ニットスカート
スマートなシルエットのスカートにはおってリラックス感UP。

ロング丈
全身を包むロングサイズは、ナチュラルタイプだから、垢抜けた着こなしでおしゃれな印象に。

11
[ハイネックニット]

DATA
定番 | | 個性派
甘 | | 辛

スプリング サマー オータム ウインター

厚手のハイネック
たくましくなりがちな上半身を素敵に見せてくれます。タートルネックもよく似合います。

ボックスシルエット
ニットでもメンズライクなボックスシルエットが似合います。大きいリブがあるものもOK。

ANDERSEN-ANDERSEN

Natural / TOPS

Natural

12 [オフタートルネックニット]

DATA
定番 |　　　　　| 個性派
甘　 |　　　　　| 辛

㉒ スプリング　㉖ サマー　㉘ オータム　㉕ ウインター

オフタートル
ゆったり感のあるオフタートルは、ナチュラルタイプの女性らしいシルエットを引き出してくれます。

ボリューム感
身幅を出して、たくましくなりがちな体を女性らしく見せる、ボリュームあるシルエットを選びましょう。

13 [ロングジレ]

DATA
定番 |　　　　　| 個性派
甘　 |　　　　　| 辛

㉚ スプリング　㉚ サマー　㉚ オータム　㉚ ウインター

リラックス感
生地のゆらぎや、ざっくりした素材の風合いがお似合い。リラックス感のあるデザインのものを選んで。

ロングサイズ
スタイリッシュな体型を、よりスマートに見せてくれるロングタイプ。

14
[ミドルゲージニット]

DATA
定番｜｜個性派
甘｜｜辛

スプリング 29　サマー 29　オータム 27　ウインター 29

BOSCH

浅いネックライン
鎖骨や胸元を美しく見せる、開きが浅いタイプを選びましょう。浅めのVネックも似合います。

広めの身幅
身幅が広く、ゆとりを感じるシルエットが、ナチュラルタイプの女性らしい魅力を引き立てます。

Natural TOPS

ナチュラルタイプに似合うトップス

似合うもの

ラウンドネック	ボートネック	タートルネック	オフタートル

注意して選べばOKなもの

Vネック	Uネック	スクエアネック	オフショルダー
ネックラインが開きすぎないものを。	ネックラインが開きすぎないものを。	ネックラインが開きすぎないものを。	素材にシャリ感のあるものはOK。

Natural

Other Tops
その他トップス

パーカやトレーナーは得意。ゆったりと大きめ、ざっくり質感を守れば、どんなアイテムでも着こなせます。

ここを CHECK！

- ☐ 厚手で、ざっくりとした素材
- ☐ ラフでカジュアルなデザイン
- ☐ 大きめで、ゆったりしたサイズ
- ☐ きれいめすぎる素材はNG！
- ☐ 露出の多いデザインはNG！
- ☐ 短め丈、コンパクトサイズはNG！

NG これが苦手…

肩を見せるオフショルトップスは、骨感を強調してしまう

コンパクトなブラウスは、たくましく見えがち

15 [パーカ]

DATA
定番 ──── 個性派
甘 ──── 辛

 25 スプリング
 29 サマー
 21 オータム
29 ウインター

地厚な素材
ざらっとした質感の硬さと厚みのある生地を使った、ざっくりとラフなパーカがぴったりです。

ボリューム感
生地の風合いやサイズでボリュームを出すと、こなれた感じに着こなせます。

大きいポケット
下についた大きなポケットがボリュームを作り、お似合いのシルエットに。

Champion

16 [トレーナー]

DATA
定番｜個性派
甘｜辛

22 スプリング　27 サマー　28 オータム　27 ウインター

風合いのある生地
スウェットのラフな質感は、ナチュラルタイプの肌を美しく見せてくれます。

中性的なデザイン
メンズライクなデザイン、直線的なシルエットも、ナチュラルタイプが着れば、サマになります。

BYMITY

---

17 [チュニック]

DATA
定番｜個性派
甘｜辛

25 スプリング　29 サマー　21 オータム　29 ウインター

長め丈
ひざ下より長いロングタイプのチュニックは、手足が長い体型にぴったり。服に負けずにさらりと着こなせます。

エスニック柄
ナチュラルタイプが得意なエスニック柄は、全身に取り入れてもOK。カジュアルにも上品にも合わせやすい大人っぽいデザインを選んで。

---

18 [アランセーター]

DATA
定番｜個性派
甘｜辛

7 スプリング　24 サマー　12 オータム　8 ウインター

ゆったりシルエット
体にフィットしない、ゆるやかなシルエットで、リラックス感たっぷりの飾らない着こなしを楽しみましょう。

ざっくりローゲージ
アランセーターはナチュラルタイプの得意アイテム。ローゲージの程よいラフさが、大人なかわいさを引き出してくれます。

Natural TOPS

Natural
Jacket

ジャケット

クールな着こなしに活躍するジャケット。ナチュラルタイプはとことんマニッシュなデザインを選ぶと間違いありません。

ここを CHECK！

- ☐ ざっくりとしたラフな素材
- ☐ メンズライクなデザインのもの
- ☐ 大きめで、ゆったりしたサイズ
- ☐ きれいめすぎる素材はNG！
- ☐ 丸みのあるデザインはNG！
- ☐ 小さくて、短い丈のものはNG！

NG これが苦手…

コンパクトテーラードは服のサイズが小さく見える

ファンシーツイード素材は、華やかさが浮いて見えてしまう

19 [テーラードジャケット]

DATA

定番 ─ 個性派
甘 ─ 辛

25　28　29　28
スプリング　サマー　オータム　ウインター

Sov.

男前デザイン
ボックスシルエット、深めポケットなど、中性的なデザインが、女性らしさを引き立てます。

風合いある生地
ツヤやハリは控えめの、落ち着いた風合いの生地が、ナチュラルタイプの肌の質感を魅力的に見せてくれます。

ビッグサイズ
サイズはメンズライクな、大きくゆったりしたものがベスト。腰が隠れる丈がスマートに決まります。

20
[チェックツイードジャケット]

DATA

定番 |━━| 個性派
甘 |━━| 辛

25 28 21 29
スプリング サマー オータム ウインター

ラフなツイード素材
ざっくりとした厚みのあるチェックツイードがよく似合います。マニッシュなスタイルはもちろん、ワンピースと合わせても。

太い袖筒
うでまわりをすっぽり包む太めの袖筒が似合います。丈も少し長めがバランスよくまとまります。

21
[Gジャン]

DATA

定番 |━━| 個性派
甘 |━━| 辛

19 14 19 13
スプリング サマー オータム ウインター

ウォッシュ加工
デニムのノンウォッシュは地味になりがち。ウォッシュ加工の方がおしゃれに着られます。

カジュアルデザイン
ラフ&カジュアル、個性的な服も、ナチュラルタイプならおしゃれにかっこよく決まります。

Natural TOPS

Natural
▼
Pants

パンツ

ナチュラルタイプのきれいな体型を引き立てるパンツ。足元にボリュームのあるシルエット、ざっくりした雰囲気がポイント。

ここを CHECK！

- ☐ 厚手で、ざっくりとした素材
- ☐ ラフなデザインで、ボリューム感があるもの
- ☐ 足にフィットしすぎないもの
- ☐ かっちりしすぎたデザインはNG！
- ☐ 先が細いもの、スキニータイプはNG！
- ☐ ショート丈はNG！

NG これが苦手…

テーパードは全身のバランスが取りにくく、キマりづらい

ショートパンツはひざの骨や筋が悪目立ちしてしまう

22 [太めクロップトパンツ]

DATA
定番｜━━━━｜個性派
甘｜━━━━｜辛

 27 スプリング
 24 サマー
 16 オータム
 21 ウインター

ウール素材
ウールやざらっとしたコーデュロイ素材など、素朴な質感が肌質にマッチします。センタープレスの入ったものならきちんと感も出せておすすめ。

ゆったりサイズ
やや太めなゆったりサイズが特に似合います。太ももから裾までの太めのシルエットのものが◎。

WHITE LINE for girl

23
[ガウチョパンツ]

DATA
定番 |——| 個性派
甘 |——| 辛

26 スプリング / 23 サマー / 24 オータム / 25 ウインター

幅広シルエット
下半身にボリュームのあるデザインが、バランスよく見えます。

ボリューム感
ボリュームのあるガウチョパンツは、得意なアイテム。ラフな印象のパンツが、洗練されたおしゃれな雰囲気に。

相性の良い ITEM → P120

ローゲージニット
シンプルなニットと合わせればレディライクな着こなしに。

24
[コーデュロイパンツ]

DATA
定番 |——| 個性派
甘 |——| 辛

22 スプリング / 26 サマー / 28 オータム / 27 ウインター

ストレートデザイン
ストンとしたストレートデザインもナチュラルタイプに似合うシルエットです。

ざっくり素材
ざらっとした綿素材が肌によくなじみます。切りっぱなしデザインも◎。

Healthy

Natural

BOTTOMS

Natural

25 [ストレートパンツ]

DATA
定番 ─── 個性派
甘 ─── 辛

スプリング 30　サマー 30　オータム 30　ウインター 30

マニッシュなデザイン
ストレートシルエットはよく似合います。ボタンが多めのデザインや大きめのポケットがついたものもおすすめ。

WHITE LINE for girl

チノ素材
厚手の綿でできたチノ素材も似合います。

相性の良い
ITEM
→ P123

ミドルゲージニット
きれいめニットと合わせて、女性らしくかっこいい雰囲気を作って。

---

26 [ボーイフレンドデニム]

DATA
定番 ─── 個性派
甘 ─── 辛

スプリング 21　サマー 16　オータム 19　ウインター 14

太めな筒デザイン
太めの筒シルエットがお似合い。ゆったりしたものを選んで。

ダメージ加工
カジュアル感が強いハードなダメージ加工も、ナチュラルタイプならこなれた着こなしになります。

ナチュラルタイプに似合うパンツ

似合うもの ▶

カーゴ

ストレート

ワイド

ガウチョ

注意して選べばOKなもの ▶

クロップト

裾の幅がなるべく太めのものを選ぶ。

似合わないもの ▶

ショート

足が貧相に見えてしまう。

スリム

足が貧相に見えてしまう。

Natural

BOTTOMS

Natural

Skirt

スカート

かっこいいアイテムが得意なナチュラルタイプですが、スカートも素敵に着こなせます。素材や丈に気をつけて選びましょう。

ここを CHECK！

- ☐ 地厚で布をたっぷり使ったもの
- ☐ 足がさみしく見えないシルエット
- ☐ ひざ下より長い丈
- ☐ きれいめすぎる素材はNG！
- ☐ うす手でぴたっとしたものはNG！
- ☐ ひざ上丈のものはNG！

NG これが苦手…

ひざ上丈は足の骨っぽさが目立ってしまう

ペンシルスカートはひざ下の筋っぽさが悪目立ちする

27 [ミモレ丈スカート]

DATA
定番 ■■■ | 個性派
甘 ■■ | 辛

25 スプリング　18 サマー　21 オータム　18 ウインター

たっぷりの生地
生地をたっぷりと使ったデザインのスカートなら、フレーム感のある体型を包んでリッチな雰囲気を作ります。

ミモレ丈
ひざ下から、ふくらはぎにかかる長さが女性らしいシルエットを作ってくれます。

ワイドシルエット
裾にかけて広がるワイドシルエットで、肩幅ともマッチする美しいバランスが作れます。

28
[リネンフレアスカート]

DATA

ボリューム感
生地を贅沢に使ったボリュームのあるシルエットのものを。ラフに結んだリボンも◎。はくだけで、大人の装いが完成します。

リネン素材
きれいめすぎない、風合いのあるリネン素材がしっくりなじみます。

Marblee

29
[レーススカート]

DATA

ざっくりレース
レースは、細かいものよりも、ざっくりした風合いが似合います。また、大きな柄も体型にマッチします。

ひざ下丈
タイトスカートは長め丈が美しくきまります。ひざ下からふくらはぎにかかる丈で、女性らしいシルエットに。

Natural

30 【ニットスカート】

DATA
定番 |■■| 個性派
甘 |■■■| 辛

27 スプリング / 27 サマー / 23 オータム / 27 ウインター

WHISTLES

リブニット
ニットのざっくりとした質感をスカートに取り入れても似合います。リブタイプで上品に。

相性の良い
ITEM
→ P116

メンズライクTシャツ
ラフなTシャツと合わせれば、こなれた女性らしい雰囲気に。

タイトシルエット
ウエストから裾までストンと落ちるストレートタイプが、美しいラインを作ります。ひざ下より長め、ふくらはぎにかかるくらいがベスト。

---

31 【ミモレタイトスカート】

DATA
定番 |■■| 個性派
甘 |■■■| 辛

1 スプリング / 1 サマー / 1 オータム / 1 ウインター

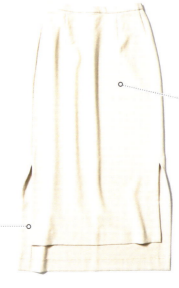

しっかりした生地
スウェットなどの厚手で重量感のある生地が、肌の質感にしっくりなじみます。ぴったりしすぎないロングタイプを選んで。

スリットデザイン
スリットが入ったタイトスカートはほどよい軽やかさとセクシーさが出ます。ロング丈でスタイリッシュに。

ナチュラルタイプに似合うスカート丈

【 もも丈 】	【 ひざ上丈 】	【 ひざ下丈 】	【 ミモレ丈 】	【 マキシ丈 】
足が貧相に見える。	骨や筋が目立つ。	足がきれいに見えるシルエット。	ふくらはぎが隠れる丈が◎。	ゆったり感のあるシルエットが似合う。

短め丈スカートの似合わせ方

苦手な短め丈スカートは
合わせるアイテム次第でお似合いコーデに。

トップスは…
ざっくりした素材はマスト。短め丈に合いやすい、ややコンパクトな形だと◎。

素材は…
なるべく、ざっくりしたもの、きれいめすぎないものを選びます。

足元は…
ロングブーツか、厚手のタイツを合わせて。

相性のいいアイテムは…
ロングカーデを羽織ってリラックスした雰囲気を作るとしっくりなじむ。

Natural / BOTTOMS

Natural

One-piece Dress
ワンピース

カジュアルなワンピースでも上品に着こなせるナチュラルタイプ。
ゆったりシルエットを選んでぴったりの一着を探してみて。

ここを CHECK!

- [ ] 衣をたっぷり使った、ゆったりしたシルエット
- [ ] 首まわりが開きすぎないもの
- [ ] ひざ下より長い丈
- [ ] ぴったりしたシルエットはNG！
- [ ] 首の開きが深いものはNG！
- [ ] ひざ上丈はNG！

NG これが苦手…

ひざ上丈のデザインは、足を貧相に見せてしまう

タイトすぎるタイプは体が大きく見えてしまう

32
[サックワンピース]

DATA
定番／個性派
甘／辛

スプリング 30 / サマー 30 / オータム 30 / ウインター 30

浅あきVネック
胸の開きは大きくなく、ほどよい鎖骨見せが正解。形はラウンドとボートネックもお似合い。

ゆるやかシルエット
ゆったりしたシルエットのサックワンピは、ナチュラルタイプの定番ワンピース。1枚あると便利。

ひざ下丈
ひざを見せると骨や筋が目立ってしまうことも。ひざ下丈が上品にきまります。

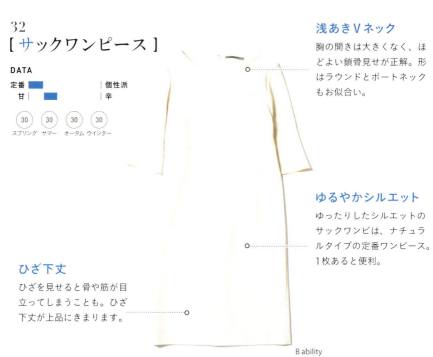

B ability

33
[ギャザーワンピース]

DATA

定番 |―| 個性派
甘 |―| 辛

25 スプリング　29 サマー　29 オータム　28 ウインター

ざっくり生地
生地はなるべくつるりとしたものは避け、厚手でざっくりしたものが、肌質によくなじみます。

ウエストギャザー
たっぷり布を使った、ウエストギャザータイプはスタイリッシュなナチュラルタイプの体型にマッチします。絞りはゆるめの方が似合います。

Cookie Chocolate

34
[キャミワンピース]

DATA

定番 |―| 個性派
甘 |―| 辛

8 スプリング　6 サマー　3 オータム　7 ウインター

ロング丈
キャミソールは苦手ですが、重ね着が楽しめるロングキャミワンピは、カジュアル感が出てよく似合います。

硬めなリネン素材
ざっくりとした硬さのリネン素材が似合います。着ると軽やかにゆれる、ゆったり感のあるものを。

35
[オールインワン]

DATA

定番 |―| 個性派
甘 |―| 辛

30 スプリング　30 サマー　30 オータム　30 ウインター

たっぷりの布感
長め丈、特にボトムスのボリュームが出る、布をたっぷり使ったもので、華やかな雰囲気を出して。

カジュアルデザイン
かっちりしすぎない、カジュアルな形を選んで。ストラップタイプならきれいめ素材も違和感なく着こなせます。

Cookie Chocolate

Natural
Outer
アウター

アウターもゆったりしたシルエットが作れるものがマスト。似合う素材が豊富なので、いろいろなテイストが楽しめます。

ここを CHECK！

- ☐ 厚手で、ざっくりとした素材
- ☐ ラフな雰囲気のデザイン
- ☐ 長め丈、大きめサイズ
- ☐ ツヤがあるなど、きれいめな素材はNG！
- ☐ カジュアルに合わせにくいものはNG！
- ☐ 短め丈、コンパクトサイズはNG！

NG これが苦手…

プリンセスコートは、肩幅が合わずがっしりして見える

コンパクトトレンチは、服が小さく見えてしまう

36 [トレンチコート]

DATA
定番 ―／個性派
甘 ―／辛

14 スプリング　23 サマー　24 オータム　25 ウインター

大きいえり
大きいえりが、ナチュラルタイプの体型に似合います。ポケットは大きめ、ベルトも太めが◎。

大きめダブルボタン
マニッシュなデザインのダブルボタンがおすすめです。ボタンの素材は革や木も似合います。

ビッグシルエット
大きめ、ロング丈がよく似合います。素材もハードな厚いものを。ベルトはゆったり結ぶのが正解。

Marblee

37
[ニットコート]

DATA

定番 |————| 個性派
甘 |————| 辛

22 / 28 / 29 / 28
スプリング サマー オータム ウインター

ロング丈
ふくらはぎにかかるロング丈はナチュラルタイプがもっとも得意とするところ。大きいサイズも軽やかに着こなせます。

ざっくりニット
太めの毛糸を使い、ざっくりと編まれたローゲージニットがベスト。ボリュームあるデザインを選んで。

TICCA

38
[ダウンコート]

DATA

定番 |————| 個性派
甘 |————| 辛

26 / 23 / 23 / 25
スプリング サマー オータム ウインター

アウトドアテイスト
アウトドアスタイルに似合いそうなカジュアル感も、街なかでもおしゃれに着こなせます。ステッチ幅は広めが◎。

ファーフード
カジュアルな雰囲気になるファー素材のフードつきがおすすめ。

39
[ムートンコート]

DATA

定番 |————| 個性派
甘 |————| 辛

25 / 29 / 21 / 29
スプリング サマー オータム ウインター

長めサイズ
ふくらはぎくらいの長め丈が、大人っぽいエレガントな雰囲気を作ります。羽織るようにざっくりと着こなしてみて。

ムートン素材
ムートン素材もよく似合います。着太りしがちなコートもナチュラルタイプなら負けずに着こなせます。

ELISA

Natural / OTHER

Natural

Party Dress
イベント服

ナチュラルタイプの華やかさを引き出すのは、ゆとりのある形と、たっぷり使った布の存在感です。丈も長めが大人な雰囲気に。

CHECK！

- 布をたっぷり使った、ゆとりがあるデザイン
- ひざ下より長い丈
- ひざ上丈、ボディコンシャスなものはNG！
- 柄が小さすぎるものはNG！

これが苦手…

胸元が縦に大きく開いたデザインはさみしく見えてしまう

40 [マキシドレス]

DATA
定番｜個性派
甘｜辛

26 スプリング　23 サマー　28 オータム　25 ウインター

マキシタイプで華やかに
体のフレーム感を美しく見せるマキシ丈がおすすめ。ギャザーのあるシルエットで、リッチでゆとりのある女性らしい装いを。

柄クラッチ
大きくて大胆な柄の入ったクラッチバッグがお似合い。シンプルなワンピースによく映えます。

ドレス（Sov.）、バッグ（ABISTE）

41
[サックワンピ]

DATA

定番 |■■　　|個性派
甘　 |■■■■|辛

1	8	1	1
スプリング	サマー	オータム	ウインター

ゆとりのあるサイズ

ゆったりサイズのサックワンピが、ガーリーな雰囲気に仕立ててくれます。丈は大きめなひざを隠すひざ下を選ぶとよいでしょう。

クロコ素材クラッチ

クロコ素材は肌質を美しく引き立てます。かわいいワンピをキリッと引きしめて。

ドレス(&.NOSTALGIA)、バッグ(SERPUI)

42
[ドレープドレス]

DATA

定番 |　　　　|■■■個性派
甘　 |　■■　|辛

30	26	30	23
スプリング	サマー	オータム	ウインター

ゴージャスなドレープ

布をたっぷり使ったリラックス感のあるデザインが似合います。エレガントな雰囲気を作りましょう。

タッセル×カゴ

カゴ素材やタッセルをあしらった個性的なバッグ。素材感を生かして華やかにまとめて。

ドレス(&.NOSTALGIA)、バッグ(SERPUI)

Natural

Accessories
アクセサリー

43【 パールネックレス 】
パールはカジュアルな雰囲気に合わせやすいバロックパールを。ロング丈がバランスよく見えます。

44【 バングル 】
大きめのサイズ、大胆なデザインが、お似合いです。柄が入ったものも◎。

45【 ストーンピアス 】
ターコイズなどの天然石はナチュラルタイプにぴったり。大ぶりで存在感のあるものもよく似合います。

46【 大ぶりピアス 】
エスニック調の個性的なデザインは、ナチュラルタイプを大人な雰囲気に見せてくれます。

47【 ネックレス 】
オパールやサンゴなど大粒な天然石を使ったものが似合います。ロングサイズがベスト。

48【 メガネ 】
個性的なデザインのべっこうもナチュラルタイプの雰囲気によくマッチします。

49【 サングラス 】
レンズサイズが大きく、ラフな雰囲気が似合います。

50【 時計 】
キャンバス地を使ったカジュアルな布ベルトや、革素材がおすすめ。フェイスは大きく、存在感のあるものを。

ここを

CHECK !
☐ 大きめ、長め、
　天然素材を使ったもの
☐ 小ぶり、キラキラ感の強いものはNG！

43（Ane Mone）、44（ABISTE）、45（Jouete）、46（ABISTE）、
47（Ane Mone）、49（RIETI）、50（Daniel Wellington）

Natural

Hat/Scarf/Belt
帽子／スカーフ／ベルト

53 [ニット帽]
ニット帽はナチュラルタイプのコーデに活躍します。ざっくり編みの大きめサイズを選んで。

54 [ストローハット]
かっちりとした印象が強い、ストロー素材が顔や肌を美しく見せ、女性らしい装いに。

51 [ベルト]
幅広で、厚手のキャンバス地や、風合いのある革素材、カジュアル感の強いメッシュベルトがおすすめです。

55 [リネンストール]
ざっくり、ふんわりとしたリネン素材のストールをセレクト。大きめ、たっぷりしたものを。

52 [大判ストール]
上品にもカジュアルにもなるチェック柄は、ナチュラルタイプが一番おしゃれに着こなせます。柄は大きめが◎。

> **ここを CHECK!**
> ☐ ざっくりとしたラフな素材、カジュアル感のあるもの
> ☐ きれいめで華やかさが強いものはNG!

51(SUSPENDER FACTORY)、52(Johnstons)、53(HIGHLAND 2000)、54(CA4LA)

Natural
▼
Bag
バッグ

56 [トートバッグ]
かっちり感を出したいときは、革製のバッグを。リッチで余裕のあるスタイルが作れます。

57 [フリンジバッグ]
カジュアルなテイスト、存在感のあるフリンジデザインは、ナチュラルタイプのファッションによく似合います。

58 [フラップバッグ]
存在感のあるシルエットのフラップバッグ。大きいサイズ感が全身をバランスよく見せてくれます。

59 [キャンバスバッグ]
厚手で粗い風合いのキャンバス地もナチュラルタイプに似合う鉄板素材。ビッグサイズでラフに持って。

> ここを
> **CHECK !**
> ☐ 大きめ、存在感があるもの、ざっくりした素材のもの
> ☐ 小さめ、チェーンがついたものはNG！

56(A.D.M.J.)、57(ORSETTO)、58(MODALU)、59(L.L.Bean)

Natural
Shoes
靴

ここを CHECK！
- ☐ 存在感のあるもの、カジュアルな質感のもの
- ☐ 小さいもの、華奢なデザインはNG！

60 [ウエッジソールサンダル]
ウエッジソールやグラディエーターテイストのカジュアルデザインは大得意。革やコルクなど天然素材が◎。

62 [ジョッキーブーツ]
乗馬風ブーツはきれいめコーデにもおすすめ。他にはウエスタンブーツやムートンブーツも◎。丈はひざ下のロングサイズがベスト。

63 [おじ靴]
メンズライクなテイストも上手に履きこなせます。おじ靴ならラフなファッションが品よくまとまります。

64 [型押しパンプス]
柄の存在感が強いクロコダイルは、ナチュラルタイプだから履きこなせます。パンプスで大人の女性らしく。

61 [スエードパンプス]
太めなヒールが、全身のバランスをきれいに見せてくれます。スエード素材もマッチ。

65 [スニーカー]
キャンバス地スニーカーはナチュラルタイプの必需品。ゆったりした服が多いのでシンプルなデザインが合わせやすいです。

60(NUOVO)、61(DIANA)、62(DIANA)、63(TALANTON by DIANA)、 64(DIANA)、65(CONVERSE)

Column. | *Socks*

骨格別 ⇩ 似合う
ソックスの長さはこれ！

ソックスの長さにも似合う・似合わないがあるので、チェックしましょう。

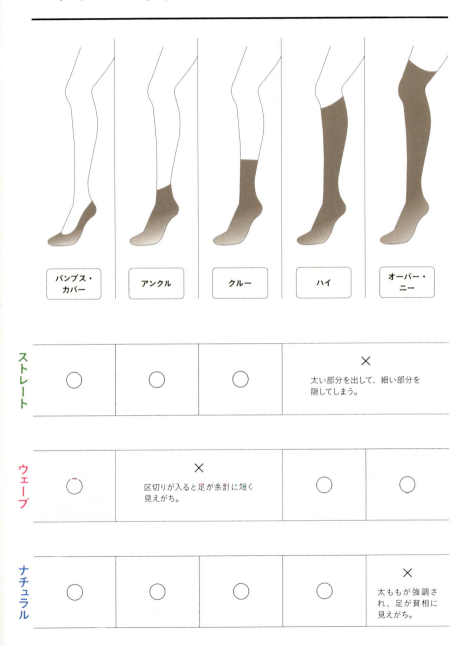

	パンプス・カバー	アンクル	クルー	ハイ	オーバー・ニー
ストレート	◯	◯	◯		✕ 太い部分を出して、細い部分を隠してしまう。
ウェーブ	◯	✕ 区切りが入ると足が余計に短く見えがち。		◯	◯
ナチュラル	◯	◯	◯	◯	✕ 太ももが強調され、足が貧相に見えがち。

Part

着まわし力が上がる!
アイテム選びと
コーディネートのコツ

似合うアイテムの中から
自分の好きなものを選んで
素敵にコーディネートする
方法を教えます!

コーディネートしやすい
アイテムの
選び方

骨格診断、パーソナルカラー診断で
似合う服はわかったけれど……。

好きじゃないので
何を着たらいいのか
わからない

着たことがない
服だから
コーディネート
方法がわからない

トップス、ボトムスの
上手な組み合わせ方が
わからない

そんな
あなたでも
大丈夫！

3つのテクニックでアイテムを選んで、
素敵なコーディネートを作りましょう！

♛
1
印象が変わる
色の選び方
▼
P149へ

♛
2
なりたいイメージになれる
おしゃれなテイストの作り方
▼
P152へ

♛
3
着まわし力をきたえる！
5着6コーデの作り方
▼
P158へ

Technique 1

☑ 印象が変わる
色の選び方

色は合わせ方で印象が変わります。コーデ作りがラクになる色使いをチェック！

▶ 色のカテゴリを頭に入れておくと便利！

ベーシック色 ⇔ さし色

ベーシック色は落ち着いた印象を作り、さし色は存在感を出します。

寒色 ⇔ 暖色

寒色はクールで爽やかな印象、華やかで元気な印象を作ります。

濃い色 ⇔ 淡い色

濃い色は強く芯のある印象、淡い色はやわらかくやさしげな印象を作ります。

▶ 色のカテゴリを元に配色を考える

基本の配色テク ①

ベーシック×さし色は王道！

ベーシック色とさし色は、決まりやすい王道の組み合わせ。迷ったらこの組み合わせを。

基本の配色テク ②

寒色or暖色でまとめる

同系色でグラデーションを作るコーデは、こなれたニュアンスが出ます。

基本の配色テク ③

濃淡の組み合わせで印象を作る

淡×淡はやさしげに、濃×濃は強く芯のある雰囲気に。濃×淡はハツラツとした印象に。

アイテムの選び方

おすすめ！

➤ トップス×ボトムス　配色表

P149で紹介した3つの色づかいをもとに、相性のいい組み合わせを紹介します。コーデの参考にしてください。

（べ）ベーシック　（さ）さし色　（寒）寒色　（暖）暖色　（濃）濃い色　（淡）淡い色

◎ 合わせやすい配色　○ 合わせてもOKな配色　△ やや難しい配色　× 難しい配色

ボトムス ＼ トップス	べ×淡	べ×濃	さ×暖×淡	さ×暖×濃	さ×寒×淡	さ×寒×濃
べ×淡	○ 定番 やさしい	○ 定番 落ち着き	◎ 華やか やさしい	◎ はつらつ 華やか	◎ 爽やか やさしい	◎ クール 落ち着き
べ×濃	○ 定番 落ち着き	○ 落ち着き 芯がある	◎ 華やか 落ち着き	○ 華やか 落ち着き	◎ 爽やか 落ち着き	○ クール 落ち着き
さ×暖×淡	◎ やさしい 華やか	◎ 落ち着き 華やか	△ 個性的	○ はつらつ 華やか	△ 個性的	△ 個性的
さ×暖×濃	◎ 華やか はつらつ	○ 落ち着き 華やか	○ 華やか はつらつ	△ 強い 個性的	△ 個性的	× 派手 個性的
さ×寒×淡	◎ やさしい 爽やか	◎ 落ち着き 爽やか	△ 個性的	△ 個性的	△ 個性的	○ クール 爽やか
さ×寒×濃	◎ 落ち着き クール	○ 落ち着き クール	△ 個性的	× 派手 個性的	○ 爽やか クール	△ 個性的

► パーソナルカラー別おすすめ配色

各タイプごとに、コーデの参考になる使いやすい配色を紹介します。

Spring　スプリングタイプ

Summer　サマータイプ

Autumn　オータムタイプ

Winter　ウインタータイプ

アイテムの選び方

Technique 2

なりたいイメージになれる
おしゃれなテイストの作り方

ファッションのテイストを作るキーワード、「甘辛バランス」と「個性バランス」をもとに、なりたいおしゃれを叶えるテクニックを紹介します。

おしゃれに見えるバランスとは？

Point 1 甘辛バランス

「甘め」＝華やか、ガーリー、エレガント、「辛め」＝かっこいい、メンズライク、爽やか。この2つを調整しておしゃれなテイストを作ります。

Point 2 個性バランス

「定番」のデザインと「個性的」なデザインをうまく組み合わせて、地味にならず派手すぎない垢抜けた雰囲気を作ります。

Point 1 ▶ 甘辛バランス、個性派バランスの作り方

甘辛の偏りは避けて

トップスとボトムスがどちらも甘口、辛口に偏る組み合わせは、テイストが強くなりすぎるので避けたほうがおしゃれ。

甘辛ミックスでこなれたバランスに

甘辛度が離れたアイテムを使うのが正解。両極端よりも、やや離れたくらいがおしゃれにまとめやすいです。

骨格タイプ別 甘辛バランスのポイント

Straight
ストレートタイプ

甘めテイスト
キーワード

▼ **甘口カラー**
- ホワイト、ベージュ系
- 暖色
- 淡めの色

▼ **甘めな柄**
- 花柄 ・ボーダー ・ドット
- バーバリーチェック
- アーガイルチェック

▼ **甘め素材**
- レース ・シルク ・ウール
- カシミア ・サテン

トップス ▶ P59
レース素材、ホワイト系カラーがポイントの甘口アイテム。

甘 ■ 辛

ボトムス ▶ P70
パンツなら、きれいめ素材、ベージュ系カラーで上品な甘口に。

甘 ■ 辛

トータル
甘さのあるトップス、きれいめな素材や女性らしい色を使って、パンツスタイルでも上品な甘口が作れます。

コーディネート ▶ P160

辛めテイスト
キーワード

▼ **辛口カラー**
- ベーシック色
- 寒色
- 濃いめの色

▼ **辛めな柄**
- ストライプ
- バーバリーチェック

▼ **辛め素材**
- 表革 ・デニム
- 厚手な綿100%素材

トップス ▶ P65
カジュアルなスウェット素材、メリハリのあるボーダー柄の辛口。

甘 ■ 辛

ボトムス ▶ P74
デニム素材、タイトシルエットが上品なほどよい辛さのスカート。

甘 ■ 辛

トータル
カジュアルな素材は辛口テイストが作りやすくなります。品のあるデザインの組み合わせで大人っぽい辛口に。

コーディネート ▶ P164

アイテムの選び方

ウェーブタイプ

甘めテイスト
キーワード

▼ **甘口カラー**
- ホワイト、ベージュ系
- 暖色
- 淡めの色

▼ **甘めな柄**
- 花柄 ・ドット
- ギンガムチェック

▼ **甘め素材**
- レース ・アンゴラ
- モヘア ・シフォン

×

トップス ▶ P93
スクエアネックが甘すぎない。コンパクトなデザインも◎。

甘 |━| 辛

ボトムス ▶ P104
フレアスカートは甘口アイテム。子どもっぽくならない品のある素材がベスト。

甘 |━| 辛

トータル
コンパクトなトップスとフレアボトムスで、フィット＆フレアシルエットにすれば、得意な甘口テイストの完成。

コーディネート ▶ P168

....

辛めテイスト
キーワード

▼ **辛口カラー**
- ベーシック色
- 寒色
- 濃いめの色

▼ **辛めな柄**
- 細ストライプ
- タータンチェック
- ヒョウ柄、ゼブラ柄

▼ **辛め素材**
- ハラコ
- スエード
- サテン
- エナメル

×

トップス ▶ P89
ベルスリーブで華やかさをプラスして、辛口ボトムスをひきたたて。

甘 |━| 辛

ボトムス ▶ P99
パンツは細身シルエットがマスト。カジュアルな柄の辛口アイテム。

甘 |━| 辛

トータル
全身をコンパクトにまとめるのが、ウェーブタイプの辛口の鉄則。色や柄を辛めにして、スタイリッシュに。

コーディネート ▶ P172

Natural
ナチュラルタイプ

甘めテイスト キーワード

甘口カラー
- ホワイト、ベージュ系
- 暖色
- 淡めの色

甘めな柄
- 花柄　・ボタニカル
- タータンチェック
- アーガイルチェック

甘め素材
- レース　・スエード
- ウール　・コーデュロイ

トップス ▶ P120
ゆったりしたローゲージニット。きれいめなデザインと色で甘口に。

甘 ■ | 辛

ボトムス ▶ P133
ボリュームのあるスカートが、ナチュラルタイプの甘口にぴったり。

甘 ■ | 辛

トータル
やさしげな色使い、ゆったりとしたシルエットが甘口スタイルのカギ。素材はざっくりした質感を忘れずに。

コーディネート ▶ P176

辛めテイスト キーワード

辛口カラー
- ベーシック色
- 寒色
- 濃いめの色

辛めな柄
- ストライプ
- 迷彩　・エスニック
- タータンチェック

辛め素材
- デニム
- 麻
- ツイード

トップス ▶ P125
ロゴスウェットでクールに。形はゆったりめが◎。

甘 | ■ 辛

ボトムス ▶ P129
ボリュームあるきれいめガウチョ。上品なカジュアル感が辛口コーデを格上げします。

甘 | ■ 辛

トータル
カジュアル感の強いアイテムで辛口に。ベーシック色を多めに使うと、子どもっぽくならない。

コーディネート ▶ P180

アイテムの選び方

> Point 2

個性バランスの作り方

バランスが偏ると、こなれない

シンプルなトップスとボトムスの組み合わせや、個性派アイテム同士の組み合わせは、地味になったり派手すぎたりしてしまうので避けて。

ほどよく個性派アイテムを入れるとおしゃれ

個性派アイテムと、定番アイテムを合わせると、バランスが取れて、ちょうどいいおしゃれな雰囲気に。

骨格タイプ別 個性バランスのポイント

Straight
ストレートタイプ

定番なシンプルアイテムが似合うので、地味になりがち。素材や柄を使って、地味にならないようにまとめるのがおすすめ。

トータル
シンプルなトップスには遊び心あるボトムスを。色がシンプルなのでさらに小物を取り入れても◎。

トップス ▶ P57
定番で何にでも合わせやすいラウンドTシャツ。

ボトムス ▶ P74
個性的なマキシスカート。

Wave
ウェーブタイプ

飾りが多いデザインが似合いますが、全身がごてごてしないようにバランスを取るのがポイント。

トータル
フリルトップスは個性があるので、定番デザインのボトムスでバランスを取って。

トップス	▶ P89
フリルデザインのトップスがよく似合う。

定番　■　個性派

ボトムス	▶ P99
タイトシルエットのすっきりスリムパンツ。

定番　■　個性派

Natural
ナチュラルタイプ

個性派なカジュアルデザインがよく似合います。上品にバランスを取ると子どもっぽくならずおしゃれ。

トータル
ざっくりニットの質感が個性的。シンプルなタイトスカートで、ニットを上品にまとめて。

トップス	▶ P125
素材も色もカジュアルなアランセーター。

定番　■　個性派

ボトムス	▶ P132
ベーシック色の、ミモレ丈スカートは定番アイテム。

定番　■　個性派

Step up!
小物使いで地味さを防止

トップスとボトムスのバランスを取ったら、さらに小物をプラスすると一気におしゃれ度が上がります。素材や色が入るだけでコーデが華やかに！

シンプルコーデに活躍する小物

スカーフ・ストール　　存在感の強いバッグ

さし色靴

アイテムの選び方

Technique 3

☑ 着まわし力をきたえる！
5着6コーデの作り方

雑誌でよくある着まわし特集は、10着以上を使って30日分のコーデを作るもの。すべて同じものを買い揃えるのも大変だし、似合うかどうかもわからないし、とてもじゃないけれど、マネできない……！ そんなときは、まずは似合うトップス3着、似合うボトムス2着を選んで、6つのコーデを考えてみることから始めましょう！

▶ 着回しが効く！ 5着の選び方

Point 1 トップスは、定番2：個性派1のバランスがベスト！

着まわしを考えるときは、定番デザインが多めなほうが便利。ただし、定番だけだと地味になりがちなので、1着個性派アイテムを入れると、コーデのアクセントになります。

Point 2 ボトムスは、スカート1：パンツ1でマンネリ脱却！

[スカート] [パンツ]

← 色は濃淡1つずつがベスト！

スカート派の人でも、パンツを1着持っていると、コーデのマンネリを防げます。パンツ派の人も同様。デザインはどちらかは定番のものにすると着まわししやすくなります。

Point 3 さし色・柄は1着ずつまでがまとまりやすい！

さし色や柄物を加えると、コーデがぐんと華やかになりますが、着まわしを考えると5着のうち1着ずつまでにおさえたほうが、まとまりやすくなります。

Point 4 個性派アイテムはベーシック色にすると悪目立ちしない！

デザインが個性的で、色も派手だと、主役感が強すぎて、5着のコーデの中では目立ちすぎてしまいます。個性派アイテムはベーシック色にすると着まわし力アップ！

〈 5着にさらに服をプラスしたいときは 〉

・トップス…2着のボトムスと合わせられるか
・ボトムス…3着のトップスと合わせられるか

を基準にすれば、さらにコーデが充実します！

> 5着6コーデの例は次のページから！

コーディネートの作り方

Straight

Bestアイテムで作る 甘口コーディネート

トータルバランス
定番 ■■
甘 ■■ |個性派
|辛

5アイテムの選び方

得意なきれいめな素材、上品な柄を使って、大人な甘さを演出します。淡めのやさしい色に暖色系のさし色でコーデに華やかさをプラス。

1 タートルネックニット→P61

きれいめカラーのニットをチョイス。暖色系のさし色でも定番デザインならほどよい甘さに。

定番 ■■
甘 ■■ |個性派
|辛

⑦ ⑤ ⑪ ⑦
スプリング サマー オータム ウインター

2 ボーダーカットソー→P57

ボーダー柄トップスは、メリハリが効きすぎないニュアンスカラーで、辛さをおさえて。

定番 ■
甘 ■■ |個性派
|辛

㉒ ㉗ ㉙ ㉗
スプリング サマー オータム ウインター

3 レースブラウス→P59

きれいめレーストップスでぐっと甘さを出して。ベーシックなホワイト系カラーが、コーデを明るくしてくれます。

定番 ■
甘 ■■ |個性派
|辛

㉚ ㉚ ㉚ ㉚
スプリング サマー オータム ウインター

4 チノパン→P69

センタープレス入りのきれいめチノパン。淡い色でかっちり感をやわらかい印象にして。

定番 ■■
甘 ■ |個性派
|辛

㉖ ㉓ ㉓ ㉕
スプリング サマー オータム ウインター

5 デニムスカート→P74

定番デザインのタイトスカート。きれいめなデニム素材で上品カジュアルに。

定番 ■■
甘 ■■ |個性派
|辛

㉕ ㉙ ㉑ ㉙
スプリング サマー オータム ウインター

Coordinate
01

2 + 5

Point

ボーダー×デニムの
王道コーデ。柄トッ
プスに柄スカーフで
華やかに。

Point

ボーダーにホワイト
系バッグとサンダル
を合わせた、爽やか
なマリンルック。

Coordinate
02

3 + 4

Point

ニュアンスカラー
でまとめたコーデ。
レース素材にかっ
ちり系パンツで甘
すぎない。

Point

サングラスとさし色
シューズで淡色コー
デを引きしめて。

Straight｜甘口コーディネート

Straight

Coordinate
03

1 + 5

Point
さし色トップスとデニムスカートを合わせたキュートなコーデ。

Coordinate
04

2 + 4

Point
やさしい色合いのコーデにパールネックレスでシンプルなスタイルもクラスアップ。

Point
革素材のバッグとパンプスを合わせれば、カジュアルなスタイルも女性らしく。

Point
小物もニュアンスカラーでまとめて上品な甘口に。

Coordinate 05

3 + 5

Point
きれいめレース×きれいめデニムでほどよい甘さに。

Point
ベーシックスタイルにスカーフなどの小物でさし色をプラス。

Coordinate 06

1 + 4

Point
Iラインを叶えるセンタープレスにニットを合わせてクラシカルな雰囲気に。

Point
帽子と靴のしめ色小物で縦ラインを作るのもおすすめ。

Straight｜甘口コーディネート

Straight

Bestアイテムで作る

辛口コーディネート

トータルバランス
定番｜━━━｜個性派
甘｜━━━｜辛

5アイテムの選び方

シンプルなデザイン、クールな色味にさし色をプラスして地味さを防止。Tシャツやデニムなどカジュアルなアイテムを投入し、硬すぎない、こなれた雰囲気を作って。

1 ラウンドTシャツ→P57

Tシャツはカジュアル感が強くないネイビー系カラーで、大人上品な雰囲気に。

2 コットンシャツ→P58

辛口王道のシャツは、さし色で辛すぎ防止。寒色はビジネス感が強いので、暖色が◎。

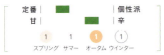

3 ノースリーブニット→P62

ニットはニュアンスカラーで大人っぽく。ノースリーブがコーデに抜け感を出します。

4 ストレートデニム→P69

王道なきれいめストレートデニムをチョイス。レディな辛さを作ります。

5 ペンシルスカート→P73

甘めなペンシルスカートは、ストライプ柄を入れると辛口コーデになじみます。

Coordinate
01

1 + 5

Point

シンプルなTシャツ
に柄スカートを合わ
せて華やかさアップ。
ベーシック色でまと
めれば辛口に。

Coordinate
02

2 + 4

Point

シャツ×デニムの王
道コーデ。さし色シ
ャツだから地味にな
らない！

Point

チェーンバッグとパ
ンプスの上品な小物
を合わせて女性らし
さも忘れずに。

Point

リュック型バッグとス
ニーカーのスポーティ
テイストをプラスして
コーデのアクセントに。

Straight｜辛口コーディネート

165

Straight

Coordinate
03

Point
ノースリーブ×タイトスカートで女性らしいIラインシルエットが完成。

Point
きちんと感のある小物で、ひきしめて上品にまとめて。

Point
Tシャツにデニムを合わせたカジュアルコーデ。ワントーンコーデにベルトの色で引きしめて。

Coordinate
04

Point
表革素材の小物も辛口なデニムと相性◎。サングラスで辛口感アップ。

Coordinate
05

2 + 5

Point

淡いさし色シャツとスカートを合わせれば女性らしい辛口スタイルに。

Coordinate
06

3 + 4

Point

ノースリーブニットでデニムをレディに着るコーデ。ストールのさし色で華やかに。

Point

かっちりしたシャツにリュックとローファーを合わせれば、こなれた雰囲気に。

Point

パールときれいめな革ショートブーツで上品さアップ。

Straight｜辛口コーディネート

甘口コーディネート

Best アイテムで作る

トータルバランス
定番｜個性派
甘｜辛

5アイテムの選び方

もともと甘いアイテムが得意なウェーブタイプ。子どもっぽくならないよう上品にまとめるのがポイント。引きしめカラーやとろみ素材で大人なテイストに仕上げて。

1 ベルスリーブブラウス→P89

甘口コーデを上品にまとめるブラウスを選びます。色はホワイト系が使いやすくおすすめ。

2 装飾袖ブラウス→P89

リボンモチーフの袖で、大人なかわいさをプラス。寒色系や細ストライプで引きしめて。

3 ツインニット→P91

ツインニットは、しめ色のネイビー系を選びます。ハイゲージ素材できれいめに。

4 スカーチョ→P100

スカーチョは、ニュアンスカラーで上品に。スカートに見えるシルエットが◎。

5 ミモレ丈スカート→P104

ひざ下丈のスカートを、暖色のさし色で投入。主役級アイテムに。

Coordinate 01

+

+

Point
ブラウスにフレアスカートの甘コーデ。ニットの肩かけとサングラスで引きしめて。

Point
華やかデザインのトップスにスカーチョを合わせてレディな雰囲気に。

Coordinate 02

+

Point
カラースカートとパンプスで女性らしく華やかに。

Point
ニュアンスカラーコーデを黒で引きしめて。

Wave｜甘口コーディネート

Coordinate 03

Point
シンプルなニットと華やかなスカートは相性◎。白小物で明るい抜け感をプラスして。

Point
ファー小物が大人な甘さを作ります。

Coordinate 04

Point
ニュアンスカラーのシンプルな組み合わせ。スカーフやバッグの柄をさして華やかに。

Point
ボトムスのボリュームがあるので、足元は華奢サンダルですっきり見せるのが正解。

Coordinate
05

2 + 5

Point
オフショルブラウス
スタイルはベレー帽
を合わせて視線をあ
げて。

Point
上下甘めな組み合
わせは辛口小物で
引きしめて。

Coordinate
06

3 + 4

Point
シンプルな組み合
わせは、ファース
ヌードで女性らし
さをプラス。

Point
ベーシック色のコーデ
にはパンチのある小物
で華やかさをプラス。

Wave｜甘口コーディネート

171

Best アイテムで作る 辛口コーディネート

トータルバランス
定番 ┃━━┃ 個性派
甘 ┃ ━━┃ 辛

5アイテムの選び方

ウェーブタイプはデザインや素材が甘くなりがちなので、色や柄で辛さを出すのがポイント。シルエットをタイト、フィット、コンパクトにすれば、ふわふわしない辛口コーデが作れます。

1 Tシャツ → P86

シンプルな<u>Tシャツ</u>は辛口コーデのマストアイテム。ほどよいカジュアルさでこなれた印象に。

2 カーディガン → P91

ベーシックな<u>カーディガン</u>は、さし色にするのがおすすめ。黄色系なら甘すぎず◎。

3 スクエアネックニット → P93

<u>リブニット</u>なら、ふわふわしないタイトな形が作れます。ベーシック色が合わせやすく◎。

4 タイトスカート → P104

クールな印象の<u>タイトスカート</u>。トップスが明るいので、しめになる暗めカラーを選んで。

5 テーパードパンツ → P99

合わせやすい<u>テーパードパンツ</u>はチェック柄で華やかさを出して。

Coordinate
01

1 + 2 + 4

Point

ベーシックなTシャ
ツにカーデを肩掛け
すれば、上半身がさ
みしくなりません。

Point

リブニット×チェッ
クでトラッドな雰囲
気に。

Point

足元はポインテッドトゥ
で辛口に。さし色を入れ
るとおしゃれ。

Point

カジュアルなTシャツ
にブーティを合わせて、
こなれた印象に。

Coordinate
02

3 + 5

Wave | 辛口コーディネート

173

Wave

Coordinate
03
2 + 4

Point
カラートップスが主役のコーデ。その他のアイテムは同系色でまとめるのが正解。

Coordinate
04
1 + 5

Point
Tシャツ×パンツのクールなコーデにパールやスカーフを合わせて華やかに。

Point
ファーヌスードやパイソンバッグで上半身を華やかに。

Point
細めのヒールパンプスで足元に抜け感を出して。

Coordinate 05

3 + 4

Point
シンプルな上下の組み合わせでかっこよく。サングラスやファー小物がコーデのスパイスに。

Point
柄が多めでもウェーブタイプなら上手に着こなせます。さし色で華やかに。

Point
華やかな小物にあえてスニーカーをプラス。攻めすぎないこなれたスタイルに。

Coordinate 06

2 + 5

Point
パンツスタイルは、足元が軽やかになるサンダルを合わせるのがおすすめ。

Wave｜辛口コーディネート

Natural

Bestアイテムで作る 甘口コーディネート

トータルバランス
定番 ─■─ 個性派
甘 ─■─ 辛

5アイテムの選び方

ナチュラルタイプの甘口は、ボトムスにボリュームのあるものを選ぶのがおすすめ。ラフでカジュアルな素材のものが多いので、ニュアンスカラーでやさしい印象にまとめて。

1 ダンガリーシャツ→P119

ダンガリーで素材感をプラスして、甘すぎを防止。

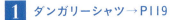

定番 ─■─ 個性派
甘 ─■─ 辛

20 スプリング　14 サマー　19 オータム　14 ウインター

2 丸首Tシャツ→P117

ボトムスにボリュームがあるものを選んでいるので、シンプルなTシャツがあると便利。

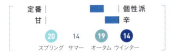

定番 ─■─ 個性派
甘 ─■─ 辛

22 スプリング　27 サマー　29 オータム　27 ウインター

3 ローゲージニット→P120

ざっくりとしたローゲージニットでやわらかな女性らしさを。

定番 ─■─ 個性派
甘 ─■─ 辛

30 スプリング　30 サマー　30 オータム　25 ウインター

4 ガウチョパンツ→P129

上品なガウチョパンツ。ゆれ感のある素材とニュアンスカラーで甘口に。

定番 ─■─ 個性派
甘 ─■─ 辛

26 スプリング　23 サマー　24 オータム　25 ウインター

5 ミモレ丈スカート→P132

スカートでガーリーな雰囲気に。ネイビーなら甘さもあり、しめ色としておすすめ。

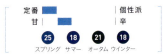

定番 ─■─ 個性派
甘 ─■─ 辛

25 スプリング　18 サマー　21 オータム　18 ウインター

Coordinate 01

2 + 5

Point
ラフなTシャツを大人っぽく着るコーデ。パールネックレスで上品に。

Point
きれいめパンツにダンガリーの異素材コーデは、ナチュラルタイプならではの着こなし。

Point
おじ靴を合わせて甘すぎないこなれた雰囲気に。

Coordinate 02

1 + 4

Point
ダンガリーの色を生かして、小物は同系色でまとめるのが正解。

Natural | 甘口コーディネート

Natural

Coordinate
03

3 + 5

Point
ふんわりした上下はカラーでコントラストをつけると上品なイメージに。

Point
小物を革素材や上品なデザインでまとめて、ほっこりしすぎないようにして。

Coordinate
04

2 + 3 + 4

Point
きれいめガウチョを小物でリラックステイストにまとめたコーデ。

Point
ニュアンスカラーが多いので、小物にしめ色をちりばめるとやぼったくなりません。

Coordinate 05

1 + 5

Point
ダンガリーシャツをレディに着こなすコーデ。パールネックレスでレディな雰囲気をアップ。

Point
カジュアルなトップスに赤系のパンプスを合わせてレディライクに。

Coordinate 06

3 + 4

Point
ゆったり上下の組み合わせ。かっちり系バッグを合わせて引きしめて。

Point
足元だけカジュアルなスニーカーではずせば、こなれたおしゃれが叶います。

Natural｜甘口コーディネート

Natural

Bestアイテムで作る 辛口コーディネート

トータルバランス
定番 | ■ | 個性派
甘 | ■ | 辛

5アイテムの選び方

カジュアル素材のアイテムが似合いますが、ほっこりとやぼったくなりがち。思い切って色味をしぼれば洗練された辛口コーデになります。

1 メンズライクTシャツ→P116

きれいめのアイテムにカジュアルTシャツを入れて、コーデに幅を持たせて。

定番 | ■ | 個性派
甘 | | 辛
㉚ ㉚ ㉚ ㉚
スプリング サマー オータム ウインター

2 ロングカーディガン→P121

シンプルな中にも変化をつける羽織りものをプラス。

定番 | ■ | 個性派
甘 | ■ | 辛
㉘ ㉘ ㉔ ㉘
スプリング サマー オータム ウインター

3 ミドルゲージニット→P123

お似合いのミドルゲージニット。カジュアルすぎないよう、ベーシック色で品よく。

定番 | ■ | 個性派
甘 | | 辛
㉙ ㉙ ㉗ ㉙
スプリング サマー オータム ウインター

4 ニットスカート→P134

ボリューム感のあるアイテムにメリハリをつけるため、辛口に合うタイトスカートを。

定番 | ■ | 個性派
甘 | | 辛
㉗ ㉗ ㉓ ㉗
スプリング サマー オータム ウインター

5 ストレートパンツ→P130

ハンサムなストレートパンツ。面積の広めなアイテムなので明るい色を選ぶと合わせやすい。

定番 | ■ | 個性派
甘 | | 辛
㉚ ㉚ ㉚ ㉚
スプリング サマー オータム ウインター

Coordinate 01

1 + 5

Point
ホワイト系のワントーンコーデ。上半身にさし色を入れて足長効果も。

Point
ワントーンコーデは小物の色やデザインで遊ぶのが正解。

Coordinate 02

3 + 4

Point
シンプルな上下の組み合わせには、大ぶりなアクセを投入して華やかに。

Point
上下ニットのコーデに型押しパンプスで素材に変化を。

Natural | 辛口コーディネート

Natural

Coordinate
03

3
+
2
+
5

Point
ストレートパンツにロングカーデを羽織って、ナチュラルタイプらしいゆったりシルエットに。

Coordinate
04

+

Point
Tシャツにスカートを合わせた、いい女風コーデ。全身を淡い色味でまとめてやさしい雰囲気に。

Point
ハットとおじ靴できちんと感をプラス。

Point
ゆったりコーデの小物はかっちりデザインを選んでカジュアルすぎないように。

Coordinate

05

3 + 5

Point

コントラストの強い色
合わせでクールなコー
ディネートに。存在感
のあるアクセで女性ら
しさを忘れずに。

Point

大きく存在感のあるバッ
グは、シンプルコーデを
華やかにしてくれます。

Coordinate

06

1 + 2 + 4

Point

シンプルな色合わせ
に柄小物が主役にな
るコーデ。

Point

リラックス感のある
コーデをロングブー
ツで引きしめてお出
かけスタイルに。

Natural｜辛口コーディネート

183

＼ 診断にしばられない！／
マイルールの作り方

骨格診断、パーソナルカラー診断は何がなんでも守らなきゃいけない？ いえいえそんなことはありません！苦手アイテムをより似合わせるために、マイルールを作ってみましょう。

〔 デザイン編

苦手なデザインを着るときは、似合う素材やサイズを選ぶのがマイルールのカギ！

ウェーブタイプ

（苦手）
ロングスカート
下半身が重く見えるロング丈。うす手の軽やかな素材で、下半身を軽く見せて。

（苦手）
ビッグシャツ
服に着られてしまうシルエット。取り入れるなら、サイズはなるべく小さめを選んで。

マイルール！
▶下半身が重くなるロング丈は、軽やか素材で解決する！

▶ゆったりシルエットは、小さめサイズを選んで着る！

マイルール！
▶コンパクトデザインは、似合う素材か長さで着る！

▶華奢アクセはボリュームアップさせるか、似合う素材を選ぶ！

Straight
ストレートタイプ

（苦手）
ローゲージニット
ゆったり感が苦手。着太りを防ぐには、裾丈を合わせ、得意なシルエットに寄せればOK。

（苦手）
ガウチョパンツ
中途半端な丈、ゆったりシルエットが苦手。ハリのある素材でルーズさをおさえて。

マイルール！
▶ゆったりトップスは丈できちんと感を出す！

▶苦手なシルエットはハリのある素材で着る！

Natural

ナチュラルタイプ

（苦手）
コンパクトカーディガン
体にフィットするシルエットは、素材を合わせるか丈を長くして、ゆとりを作って。

（苦手）
華奢なアクセサリー
体がごつく見えがちな華奢アクセは、重ねづけしてボリュームアップを狙うか、天然石や木の素材に。

> **柄・素材編** 苦手な柄、素材も、
> ポイントをおさえたマイルールでおしゃれに着られます。

Straight
ストレートタイプ

 苦手
ふんわり、ファー素材

あったかコーデに活躍するファー素材は着太りしがち。袖口か裾など顔から遠い部分に使うか、小物で取り入れれれば問題なし！

▶苦手素材は、顔から遠い位置、バッグや小物で取り入れる！

Wave
ウェーブタイプ

 苦手
大柄の花プリント

大きい柄は着られている印象になってしまいがち。色のコントラストを弱めて取り入れれば、悪目立ちせずに着られます。

▶苦手な柄は、コントラストが弱いもの、淡い色使いのものを選ぶ！

Natural
ナチュラルタイプ

 苦手
ツヤやとろみのある素材

シルクやサテンなどのツヤやとろみのある素材は、たくましく見えてしまいがち。大きなシルエットを選んで、ゆったり着れば似合います。

▶苦手素材は、大きいシルエットでゆったり着る！

マイルールの作り方

〈カラー編〉

苦手な色もマイルールを作って上手に着こなして。

自分のタイプに着たい色がない

イエローベース同士、ブルーベース同士で色を選べば、似合う色が見つかりやすい。

イエローベース
Spring
明るい色が多い

Autumn
落ち着いた色が多い

ブルーベース
Summer
淡い色が多い

Winter
ビビッドな色が多い

マイルール！
▶イエローベース、ブルーベースで色を選ぶ！

まっ白、まっ黒を着たい

まっ白、まっ黒などベーシックカラーを着たいときは、ボトムスで取り入れると、顔まわりが重たくなったり、ちぐはぐになったりしづらいです。

マイルール！
▶使いやすいベーシックカラーは、ボトムスで使うならOKとする！

ホワイトデニム
黒スカート
使いやすいアイテム。苦手な色は、ボトムスで取り入れる。

流行色を取り入れたい！

流行色が自分のカラータイプではない場合は、靴やバッグなどの小物で取り入れれば、浮かずにきまります。

マイルール！
▶流行色は、小物で取り入れる。顔から遠い位置、バッグや靴で旬の色をゲット！

バッグは似合うデザインを選べば、流行色が取り入れやすく◎。

衣装協力ショップリスト

▼

ABISTE
03-3401-7124

A.D.M.J.
03-3475-4045

ANDERSEN-ANDERSEN ／メイデン・カンパニー
03-5410-9777

Ane Mone ／サンポークリエイト
082-243-4070

BOSCH
03-6748-0336

BYMITY
http://www.bymity.com

B ability ／ BOSCH
03-6748-0336

Bailey ／ override 明治通り店
03-5467-0047

CAMINANDO ／グラビテート
03-3464-6588

CA4LA ／ CA4LA ショールーム
03-5775-3433

CONVERSE ／コンバースインフォメーションセンター
0120-819-217

Champion ／ Hanes ／ヘインズブランズ ジャパン
0120-456-042

Cookie Chocolate
03-6433-5918

carino ／モード・エ・ジャコモ プレスルーム
03-5730-2061

DHELA ／ブリッジフィールド ショールーム
03-6426-8773

DIANA ／ダイアナ 銀座本店
03-3573-4005

DIANA Romache ／ダイアナ 原宿店
03-3478-4001

DUVETICA ／ F.E.N.
03-3498-1642

Daniel Wellington ／ダニエル・ウェリントン 原宿
03-3409-0306

destyle ／ザ・スーツカンパニー 銀座本店
03-3562-7637

ELISA ／ナイツブリッジ・インターナショナル
03-5798-8117

FURLA ／ムーンバット
03-3556-6810

Faviora Duo ／ムーンバット
03-3556-6810

FilMelange
03-6447-1107

Gap ／ Gap フラッグシップ 原宿
03-5786-9200

GENETIC ／ヤマツゥ
03-6452-3881

HAPPINESS ／ゲストリスト
03-6869-6670

HIGHLAND 2000 ／メイデン・カンパニー
03-5410-9777

Hanes ／ヘインズブランズ ジャパン
03-5361-2823

Healthy ／ゲストリスト
03-6869-6670

INCOTEX ／スローウエアジャパン
03-5467-5358

JINS
0120-588-418

JOHN SMEDLEY ／リーミルズ エージェンシー
03-3473-7007

JOHNSTONS ／リーミルズ エージェンシー
03-3473-7007

Jouete
0120-10-6616

Jori Encore ／ Charlotte
03-3476-5699

LESTELA ／レナウンプレスポート
03-4521-8191

L.L.Bean ／ L.L.Bean カスタマーサービスセンター
0120-81-2200

Littlechic ／ザ・スーツカンパニー 銀座本店
03-3562-7637

MODALU ／ティースクエア プレスルーム
03-5770-7068

MONROW ／ヤマツゥ
03-6452-3881

MUSE by RIMO
03-5708-5720

MARIEBELLE JEAN ／カイタックインターナショナル
03-5722-3684

Marblee ／アイ・エム・ユー
03-6447-2860

Mashu Kashu ／ GSI クレオス
06-4977-6097

Moname ／カイタックインターナショナル
03-5722-3684

manipuri ／フラッパーズ
03-5456-6866

misaharada ／ talk co,ltd
03-5766-3797

NATURAL BEAUTY
03-6748-0342

NUOVO
03-3476-5629

Native Sons ／コミュニオン
03-5468-5278

new balance ／ニューバランス ジャパンお客様相談室
0120-85-0997

OLD ENGLAND ／ナイツブリッジ・インターナショナル
03-5798-8113

ORSETTO ／オルサ
0467-37-0630

RIETI
03-6908-6724

RUSALKA ／エルビーティー
http://www.rusalka.jp

SAINT JAMES ／ SAINT JAMES 代官山店
03-3464-7123

SEMPACH ／ゲストリスト
03-6869-6670

SERPUI ／ティースクエア プレスルーム
03-5770-7068

SHEEN ／カシオ計算機
03-5334-4869

SUSPENDER FACTORY ／メイデン・カンパニー
03-5410-9777

Sov. ／フィルム
03-5413-4141

TALANTON by DIANA ／ダイアナ 銀座本店
03-3573-4005

TATRAS ／タトラス ジャパン
03-5700-5188

THE SUIT COMPANY ／ザ・スーツカンパニー 銀座本店
03-3562-7637

TICCA
076-221-5355

UNIVERSAL LANGUAGE ／ユニバーサルランゲージ ラゾーナ川崎店
044-541-7030

upper hights ／ゲストリスト
03-6869-6670

VAL DE SAIRE ／メイデン・カンパニー
03-5410-9777

VANS ／ VANS JAPAN
03-3476-5624

V::room ／タトラス ジャパン
03-5708-5188

WHISTLES ／ヴァルカナイズ・ロンドン
03-5464-5255

WHITE ／ホワイト ザ・スーツカンパニー 新宿店
03-3354-2258

WHITE LINE for girl ／グランデット
03-5354-6088

WJKW ／ワディ ショールーム
03-6451-0924

&.NOSTALGIA
03-6433-5918

22 octobre ／ 22 OCTOBRE
03-6836-1825

クレジットの記載がない商品はすべてスタイリスト私物です。

著者
二神弓子
（ふたかみ・ゆみこ）

株式会社アイシービー代表取締役社長。一般社団法人骨格診断ファッションアナリスト認定協会代表理事。国際カラーデザイン協会パーソナルスタイリスト事業企画委員長。ミスインターナショナルトレーニングディレクター。イメージコンサルタントとして20年間で約13,000人の指導実績を持つ。著書に『骨格診断×パーソナルカラー 本当に似合う服に出会える魔法のルール』（西東社）、『色の心理学をかしこく活かす方法』（河出書房新社）、『骨格診断とパーソナルカラー診断で見つける似合う服の法則』（日本文芸社、森本のり子著、二神弓子監修）などがある。

スタッフ

スタイリスト	菅沼千晶　栗尾美月
撮影	草間智博
デザイン	村口敬太　中村理恵
	舟久保さやか　ジョン・ジェイン（スタジオダンク）
イラスト	miya
モデル	澤田泉美（SPACECRAFT）
診断協力	上内奈緒（株式会社アイシービー）
校正	ゼロメガ
編集協力	加藤風花（スタジオポルト）

骨格診断×パーソナルカラー
本当に似合うBestアイテム事典

2017年12月15日発行　第1版

著　者	二神弓子
発行者	若松和紀
発行所	株式会社 西東社
	〒113-0034　東京都文京区湯島2-3-13
	http://www.seitosha.co.jp/
	営業　03-5800-3120
	編集　03-5800-3121〔お問い合わせ用〕

※本書に記載のない内容のご質問や著者等の連絡先につきましては、お答えできかねます。

落丁・乱丁本は、小社「営業」宛にご送付ください。送料小社負担にてお取り替えいたします。
本書の内容の一部あるいは全部を無断で複製（コピー・データファイル化すること）、転載（ウェブサイト・ブログ等の電子メディアも含む）することは、法律で認められた場合を除き、著作者及び出版社の権利を侵害することになります。代行業者等の第三者に依頼して本書を電子データ化することも認められておりません。

ISBN 978-4-7916-2702-8

カラー診断シート

Spring

スプリングタイプ

カラー診断シート

Summer

サマータイプ

カラー診断シート

Autumn

オータムタイプ

カラー診断シート

Winter

ウインタータイプ